きものから、クチュールへ

うけ継がれたきものを、洋服に仕立てる贅沢

神谷典子

文化出版局

目次

きものを慈しむ

私が和裁教室に通い始めたのは、五十歳を過ぎてからでした。わが家のきものの管理をしてきた母が年老いてきたのを機に、たんすの中のきものたちや、主人の母から譲り受けた古いきものを、自分の目と手で整理しておこうと思い立ってのことでした。

新しいきものを縫うのではなく、古いきものを私や娘たちの寸法に直そうという目で一つ一つのきものを見てゆくと、汚れやしみ、虫食いなどがあったり、布地が短くて直せないもの、蒸れて破れるものもありました。それでも、処分するにはしのびなく、初めはのれんにしてみたり、一センチ幅に切って編んでみたり。そして、その中でもしっかりしているきものを洋服にしてみました。一枚、二枚と作ってみると、洋服生地とは違ったおもしろさと難しさに気づいて、すっかり夢中になってしまいました。

昔のきものほど染め方、糸のより、織り方がいろいろで、麻だから、ちりめんだから、とひとからげには決められない一枚一枚の個性があり、水や洗剤に対しての反応なども一枚ごとに違います。その驚きがおもしろいデザインになったり、どうしても洋服にできなくて布のまんまでしばらくねかせてみたり、と予測の立たないハプニングがますます私を引きつける結果となり、次々と作り始めました。それを聞いた姉妹、親戚、友人たちからは、生かされるのなら、ともう着ないきものが届きました。

昔の布は、新しいものよりも手触りが柔らかく、色、柄もいいものが多いと思います。一つ一つ職人が豊かな感性を持って、心を込めて柄をおき、織り上げた一反の命だからでしょう。それを思うとはさみを入れるときは、いつも無駄なく目一杯使い切ってあげたいという気持ちになります。

大きな柄のあるきものは柄をいかに捨てるか、残した柄はどこに生かすかを考えました。小紋や縞やそのほかのきものに関しても、きものを意識しすぎた洋服にしないことを心がけました。普通の洋服だけどよくよく見るときもの地とわかる程度のほうが着ていく場所や機会が多いと思えたからです。

洋服を作っていながら矛盾しているようですが、私はきものも大好きです。いいもの、貴重なきものはきものとして保存し、どんどん着て歩きたいと思います。そして、それ以外の、もはやきものとしては着られないものを洋服の素材として、生かしきってみたいという思いで作っております。

和に偏らず、きもの地と洋服が融合できる、また天然素材の心地よさをわかっていただけるような洋服作りを心がけたいと思っています。

神谷典子

篠竹の訪問着から、ワンピース

日本的な模様ほど目立たなくするとシックです。

きもの通のかたが晩年お召しになった訪問着。形見に譲り受けたお嫁さんから、自分が七十代になったとき、正式な場ではとても着こなせないだろうから何かにいかして、といただきました。式服には格があるので、自由に着られる趣味のきものよりたんすにしまわれていることが多いかもしれません。
このドレスは、前がラップスカートのように二重になっていて、写真のように腰掛けたり歩いたりすると、下前に持ってきた裾模様がのぞきますが、立っていると全身無地に見えます。留袖や訪問着などからドレスを考えるとき、日本的な柄をどう配置するか、がポイントです。フォーマルの場合、模様はなるべく省いたり隠したりして、無地の配分を多くするとエレガントになると思います。

淡水パールのネックレス　フミエジュエリー

作り方　56ページ

一つ紋の訪問着。品格のある和の色に配された篠竹は、日本の染色ならではの美しさ。前肩と衿に、しみや傷がありました。

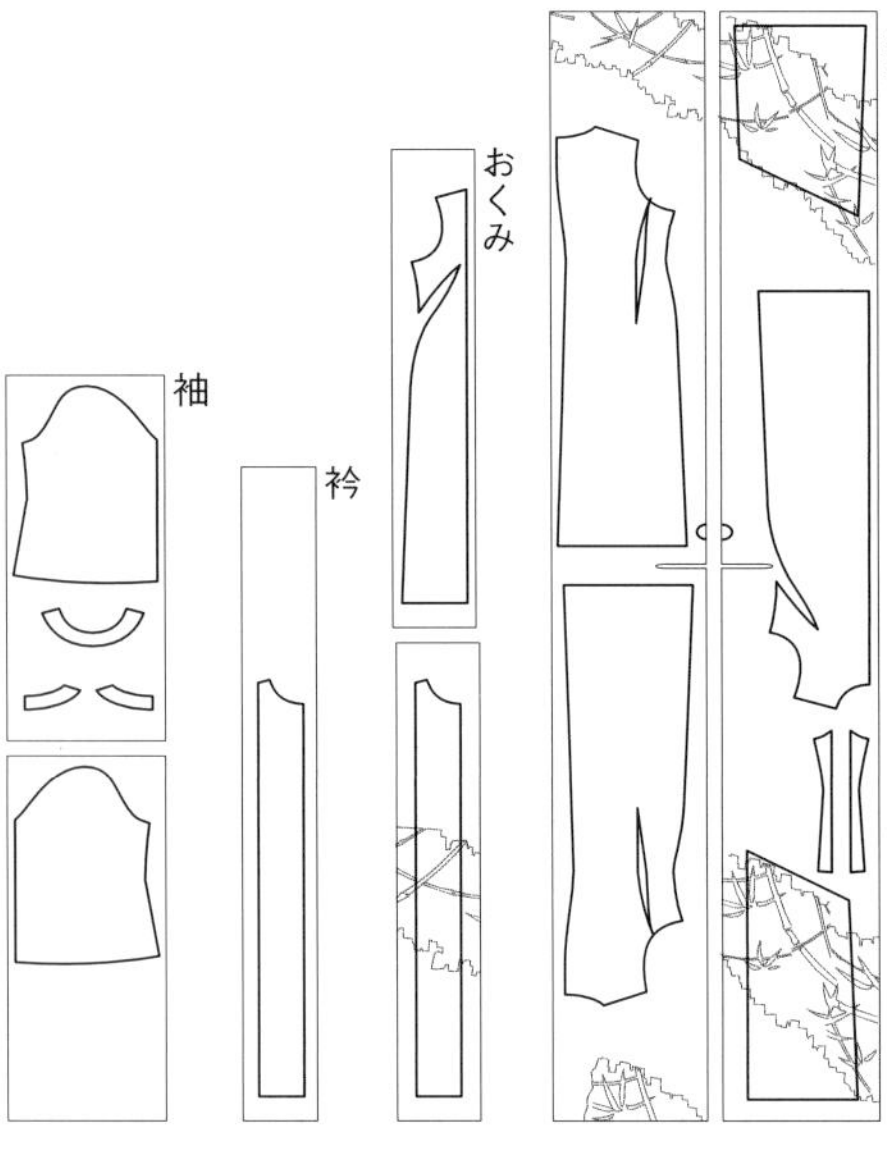

袖口を少し広くしたので、きものの幅よりちょっとはみ出しました。まちを作ってはめています。

蘭の訪問着から、ワンピース

洋服には華やかすぎる模様も裏返すとやわらぎます。

四十年ほど前の東京では、若い女の人が晴れ着を作るのは、今のような成人式の振り袖ではなく、花嫁の友人として結婚式に列席するときの華やかな訪問着が多かったように思います。これも蘭が華麗に咲き誇る訪問着。花びらを大きく縁どる金箔が洋服にはどうかしらと思っていましたが、裏返してみると、金箔は隠れ、色彩もやわらいで見えるではありませんか。手法にもよりますが、きものは裏返してみると、日本的すぎる要素が薄らいで、洋服に調和することがしばしばあります。

身頃はすっきりとすべて無地にしたデザインですが、着席の宴では袖に配した模様が見えるので、華やかな印象のドレスです。

淡水パールのネックレス　フミエジュエリー

作り方　58ページ

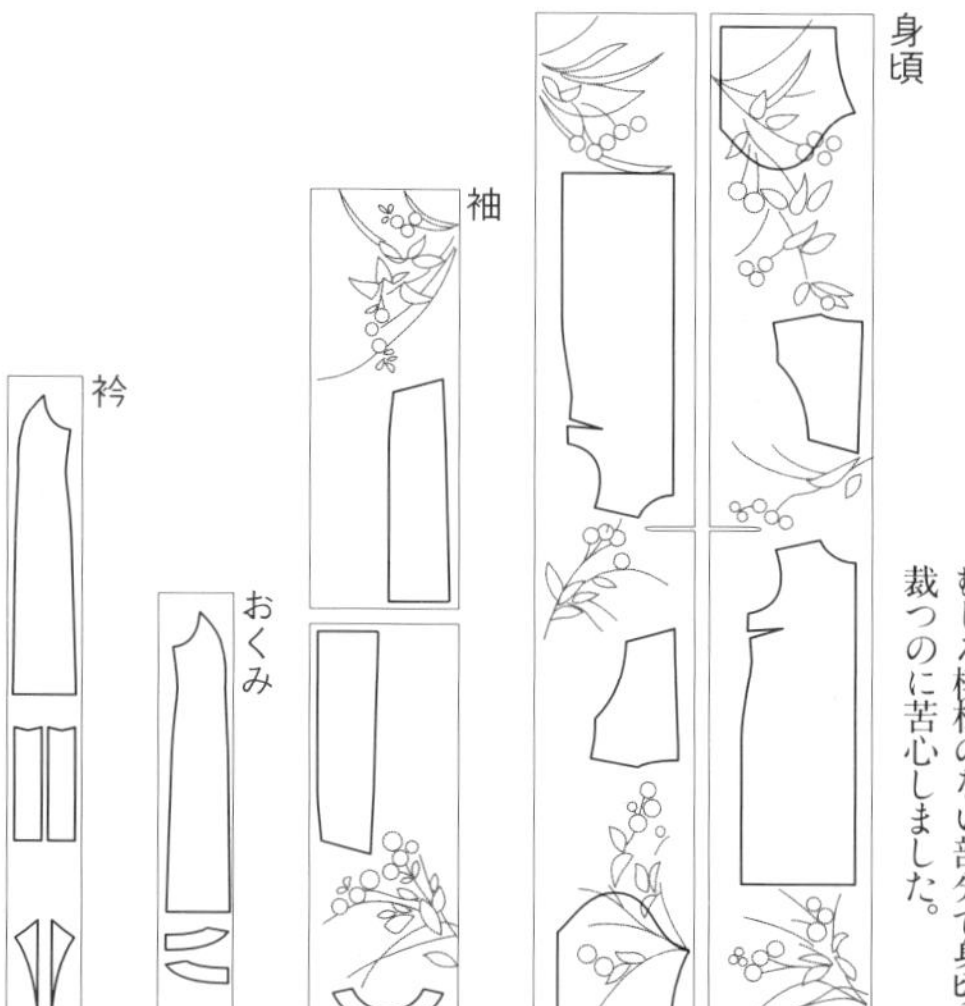

裏側を表にして裁断しています。袖以外は無地にしたかったので、むしろ模様のない部分で身頃を裁つのに苦心しました。

男物の紋付き羽織から、コート

伊達男の粋な遊び心は
マニッシュなコートの裏に伝えます。

江戸の町人までさかのぼらなくても、裏地に凝るのはきもののおしゃれの楽しみです。私にとってはついこの間の祖父の時代でも、その嗜好は根強く息づいていて、手元にあるいくつかの男物の羽織裏には、凝りに凝った染色があしらわれています。もはや、めったに見られないみごとな職人の技だけに、なんとか生かしたいと願うのですが、饒舌な日本趣味に走らず用いるのはなかなか難しい。結局、ダンディズムを見習って、この男物の羽二重の紋付き羽織からのコートでも、裏地に使いました。通人の遊び心は、コートの裏に閉じ込めて。パリのカフェで脱いだとき、さり気なく裏を見せて驚かせる、なんてすてきです。絹のコートは軽くて温かいので、旅行着には重宝すると思います。

作り方　59ページ

羽織裏は丈が短いので、はいで使います。

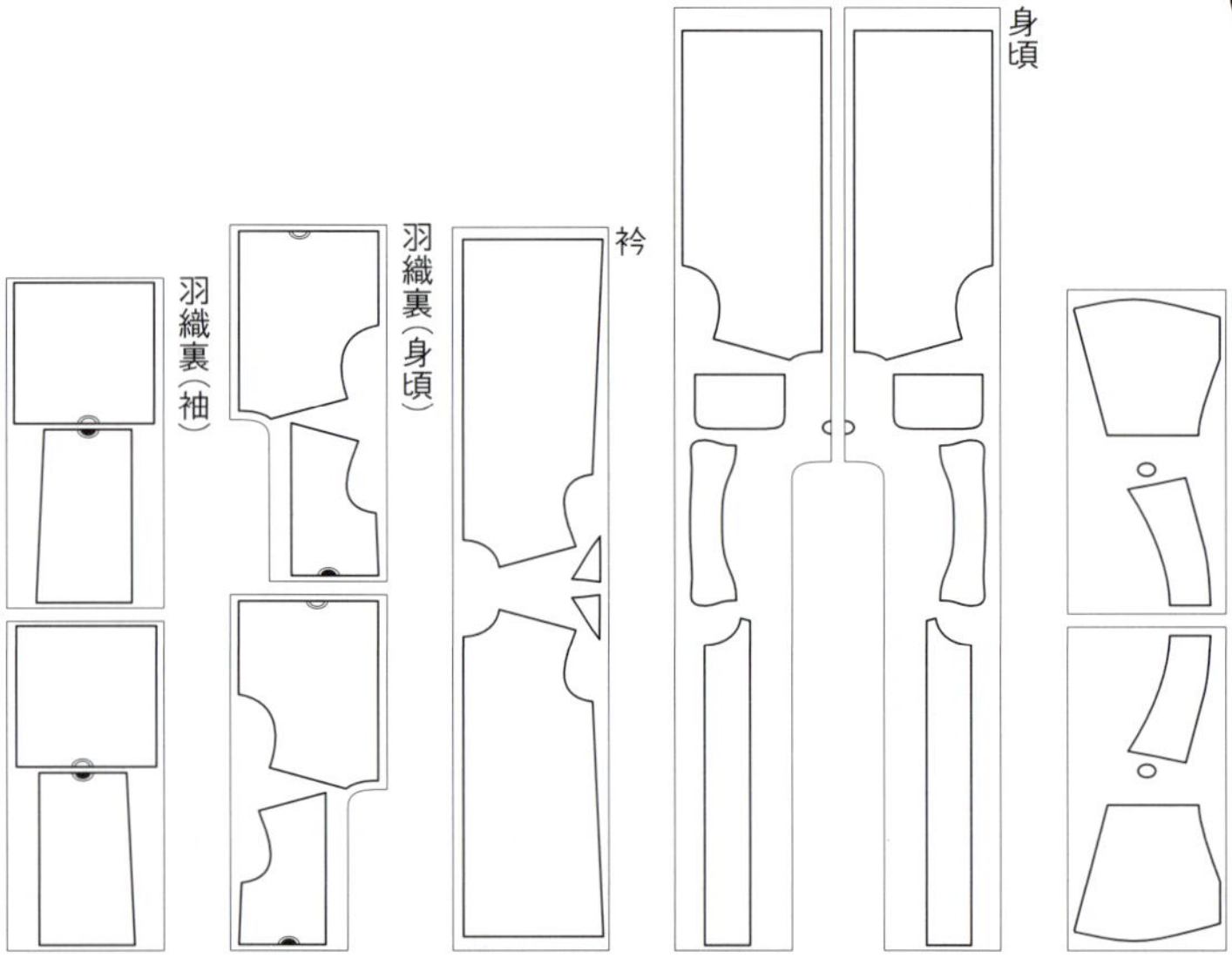

表も裏も、一着分使っています。

12

裾にぼかしの羽織から、ツーピース

きもののバランスから
洋服のバランスに、発想の転換を。

元は、裾に鉄紺のぼかしが染められている羽織です。羽織は、着る人の背丈や好みによって、裾の折返しの分量がさまざまなのですが、幸いこれはたっぷりあったのでツーピースを作ることができました。当初、ぼかしは肩と袖山だけに配するつもりでした。スカートは着回しを考えて、どうしても無地にしたかったのです。すると、あとはぼかしのある身頃をやりくりして裁たなくてはなりません。では、ぼかしをどこに生かすか。上着の裾では、全体のプロポーションが真ん中で切れてしまい、美しくありません。いろいろ考えたすえ、サイドの身頃に持ってきたら、私の意図とは違うのに、評判のいい結果になりました。

作り方　60ページ

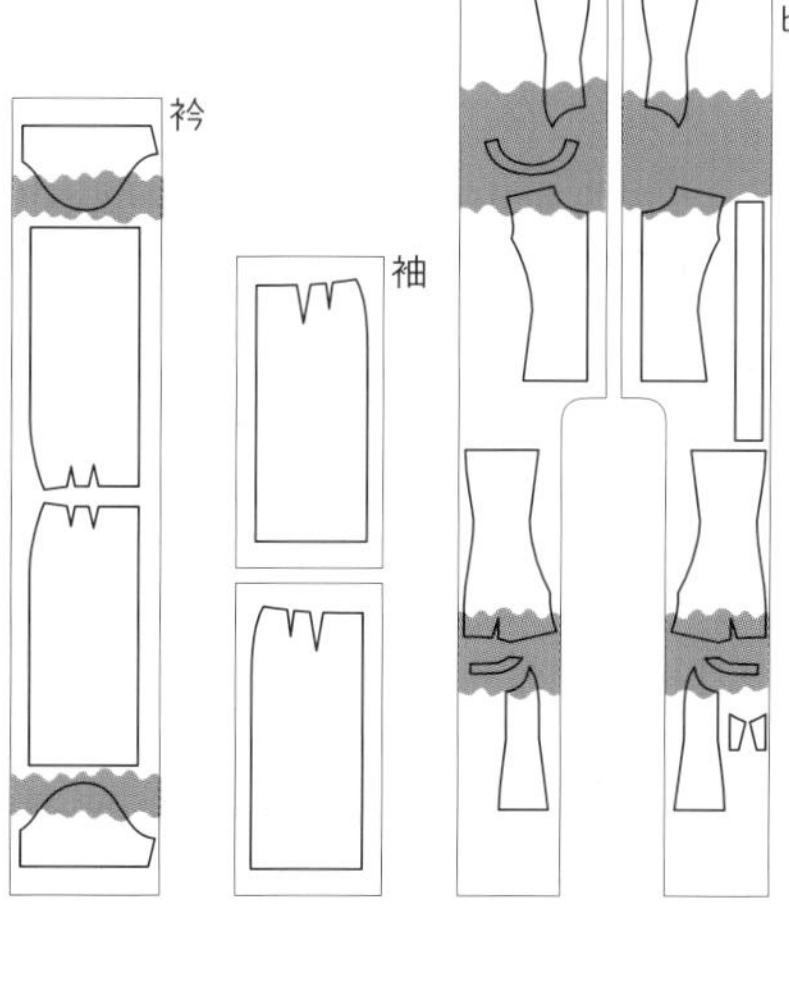

前身頃を四枚はぎにすると、体格のいいかたにも裁ちやすい。センターは、ぼかしをきれいに柄合せして裁ちました。

ぼかしの色留袖から、ツーピース

着丈やゆきが短いから。よくある着られない理由です。

譲り受けたきものが着られない理由に、小さいから、という場合がよくあります。縫い代いっぱいに出してみても、着丈やゆきの寸法が足りないのです。

この友人のツーピースもそうでした。元は、上前とおくみの裾にぼかしがさっと一はけあるだけの控えめな柄ゆきの色留袖。友人には短かったのですが、お母さまの形見なのでどうにかしてと、趣味の地唄舞の発表会に着てはみたものの、地唄舞の裾を長めにする着つけには無理があったようです。そのうちに、趣味がシャンソンに変わってしまい、いかにも地味なきものなので二度と着ないだろうからと、コンサートのドレスにすることになりました。舞台映えするように裾模様は上半身に。中央に配して裁つこともできましたが、ちょっとサイドにしたほうがしゃれたアクセントになるのではと考えました。

深海のような美しいブルーの地色を生かして、デザインはあまりいじらずシンプルに。舞台ではアクセサリーで華やかにして、おくみから作ったボーを結べば街着としても着られると思います。

作り方　62ページ

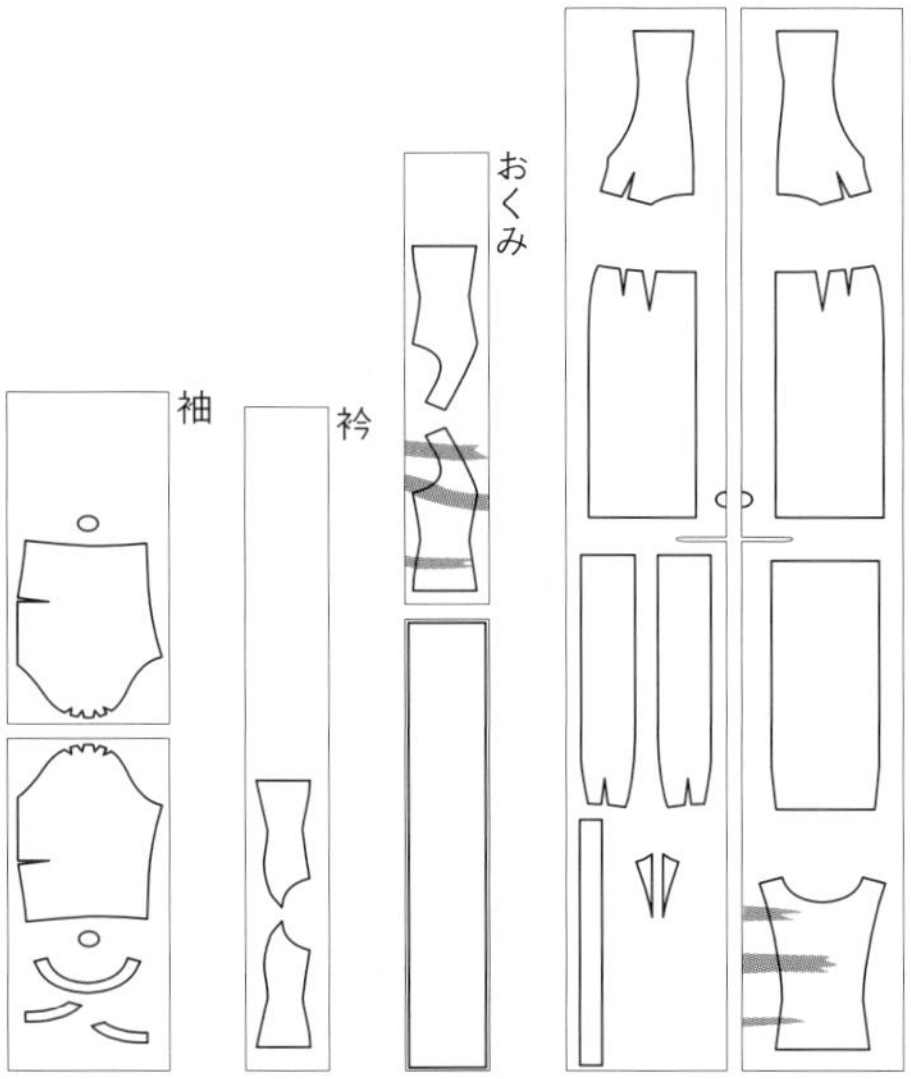

家紋をどこかに生かしてほしいという希望で、袖見返しに。ふとしたしぐさで見え隠れするのがゆかしくて、喜ばれました。

ばらのおしゃれ着から、ストール

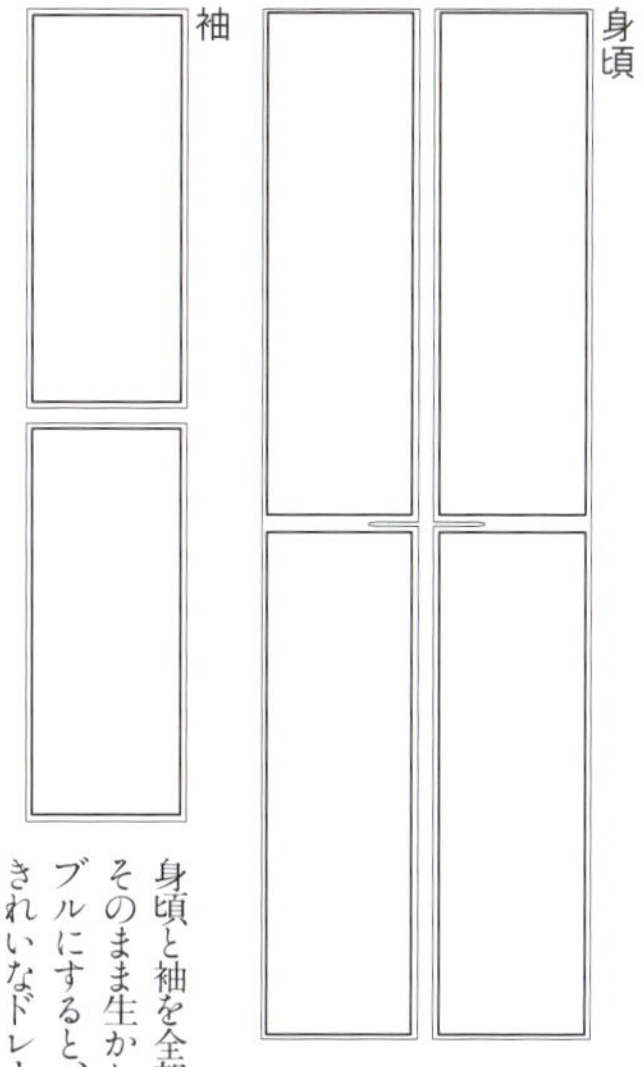

身頃と袖を全部無駄なく、丈をそのまま生かして使います。ダブルにすると、布自身の重みできれいなドレープが生まれます。

個性の強い柄はストールで楽しんで。

ろうけつ染めで大輪のばらが描かれている一越ちりめん。また従姉妹が色違いで娘時代に作ってもらったお茶のお稽古着でした。四十年ほど前の、きものと洋服が街の中で交じり合っていた時代ならではのモダンな図案です。こんな柄は個性を生かしてそのままストールにして、アクセサリー感覚で身につけるのも一つの方法です。普通にはおるほかに、写真のように、はぎ目に作った口に手を通して肩のボタンに止めると、ブラウスのように楽しめます。

作り方　64ページ

かのこ柄のお召から、ストールとタンクトップ

小さいビーズが、ひとえの布にきれいな落着きを。

金糸が織り込まれた愛らしいかのこ柄なので、シンプルにタンクトップをと考えていたら、袖とおくみだけで裁てました。残った身頃からストールも作れましたが、ひとえなので、端にビーズをとめてきれいに落ち着かせました。口を二つ作って手を通すと、写真のようにマーガレット風になります。これも五十年ぐらい前、娘時代の義姉たちが、お茶や日本舞踊のお稽古通いのためにあつらえたきものです。

作り方　61ページ

紬のきものから、スーツ

衿はバイアス裁ちにしてやわらかいシルエットを。

白黒の糸を織り交ぜた紬で作ったテーラードスーツです。出来上がってみると、元はきものだったと言うと驚かれるくらい自然です。このような無地感覚の織りは染めのきものに比べると、洋服地に近い感覚で扱えると思います。

きもの地からの裁断には、幅の制約があります。ことに、バイアスは裁ちにくいもの。この衿も初めは縦地で考えましたが、やわらかいシルエットを出すためにはどうしてもバイアスにしたい。そのため、衿の後ろ中心ではいでいます。

白い衿とカフスで、きものの渋さに若々しいアクセントを加えました。実際の羽二重の胴裏は汚れていましたので、これは未使用の端ぎれを使いました。

淡水パールのイアリング　フミエジュエリー

作り方　66ページ

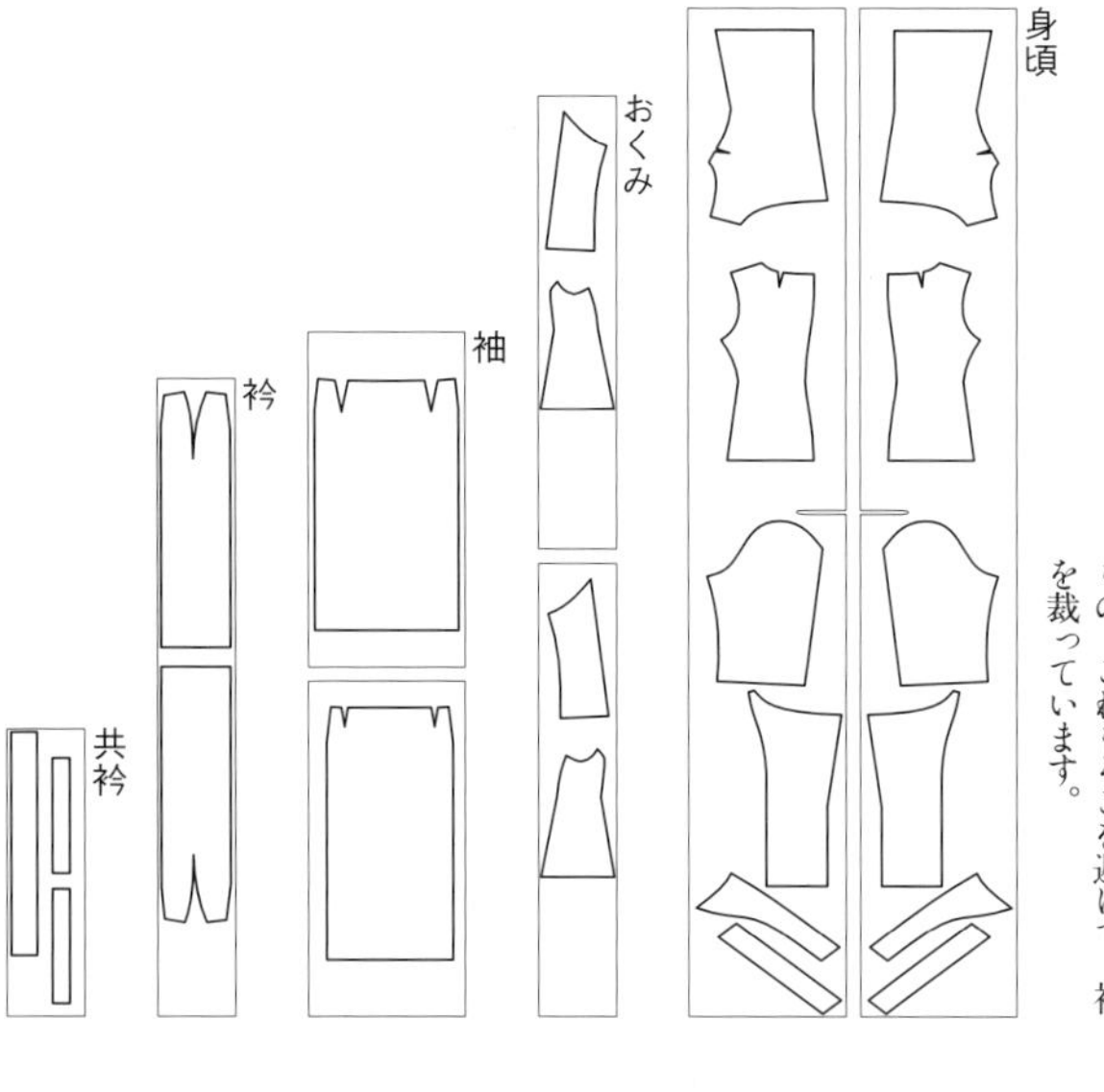

上前のひざのあたりには、食べこぼしのしみがあることが多いもの。これもそこを避けて、衿を裁っています。

絣の二部式きものから、スカート

二部式に作り替えたきものは、身頃、おくみ、衿が短くなります。ウール地なので無数に虫食いがありました。

和の雰囲気の濃い全体柄は、少ない分量にして着こなします。

たんすで眠らせておくよりは気楽に着るほうがきものが生きる、と思い切ってはさみを入れ、二部式になさったかたは多いと思います。この絣のウールも、娘が謡のお稽古を始めたときに、作り替えたもの。ただ、かえって着にくいと言って、しまい込まれていました。

二部式にしたきものは、身頃の長さが短くなる分、作れる服は限られてきます。ワンピースもウエスト切替えならできますが、この絣は着こなしやすさを考えてスカートにしました。

古いきものをたくさん見ていると、ウールは絹よりも虫食いが多いように思います。これも、細かい虫食いがいくつもありました。でも、共布を裏から当てて繕ったら、ほとんどわからなくなりました。

サンダル　ロベール　クレジュリー

作り方　71ページ

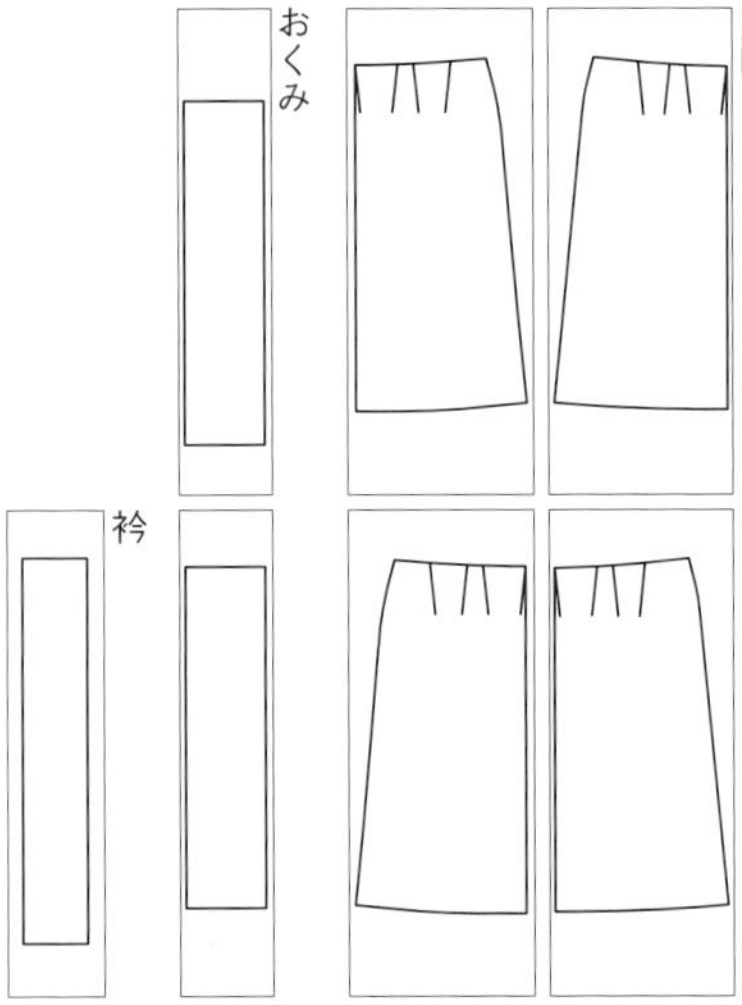

六枚はぎのはぎ目は、初めはタックの奥にと考えましたが、山に持ってきたほうがきれいなようです。

紬の羽織から、ショートコート

大きい格子と五弁の花が描かれている大島の羽織。全体に虫食いの繕いがありました。

年配のかたの地味な柄が若い人に似合うことがよくあります。

日常にきものを着ていた時代、洗い張りのたびに傷んだところを繕っては仕立て直しました。いいきものほどそうしたと思います。この大島の羽織も、かなり何度も洗い張りをしたようで、縫い目の弱っているところは裏打ちしてあったり、細かい虫食いもていねいに繕ってあったり。外からはほとんどわからない丹念な手仕事を、ほどいて初めて発見しました。染直しもしています。それほどお気に入りだったのでしょう。それだけに全体に布は弱っているのではないかと、このコートは、裏全体に薄手の接着芯をはりました。シルエットをきれいに出すと同時に、補強のためでもあります。この布のように、きものでは年配向きの地味な柄が、洋服では若さを引き立てることがあります。

作り方　68ページ

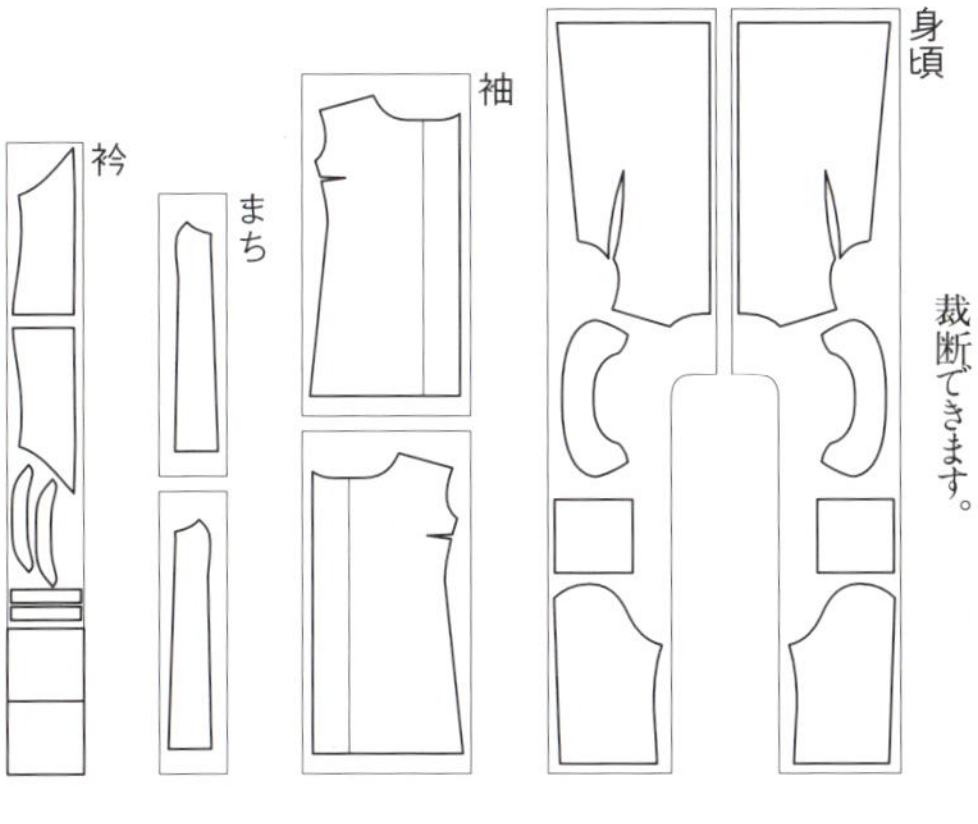

コートの着丈は、羽織の袖丈で決まりました。裾折返しにゆとりがあると、身頃でゆったりと裁断できます。

縞のお召から、コートとブラウス

縞は、間隔や太さと全体のボリュームのバランスを。

ちょっと気になり、よくよく見たらきものの布だった、そんな使い方が私の理想。縞や格子はそういう点で洋服にしやすい素材です。昭和二十年代から三十年代にかけての東京のきものには、縞が多かった記憶があるのは私だけでしょうか。小津安二郎の映画に出てくる縞のきものは印象的ですし、母や姉から譲られたきものにも縞が何枚かあります。ただし、縞といっても太さや間隔もさまざま、一色だったり、何色もの組合せだったり。ほんの少しの加減で粋にも野暮にも感じられる難しさがあるのです。この袖なしコートは、私には珍しく直線だけで構成されています。縞が後ろに回ると肩で横に走ったり、歯切れのいい縞をそのまま生かしてたっぷりと身にまとう感覚です。袖が二枚残ったのでブラウスも作れました。

靴　ロベール クレジュリー

作り方　70ページ

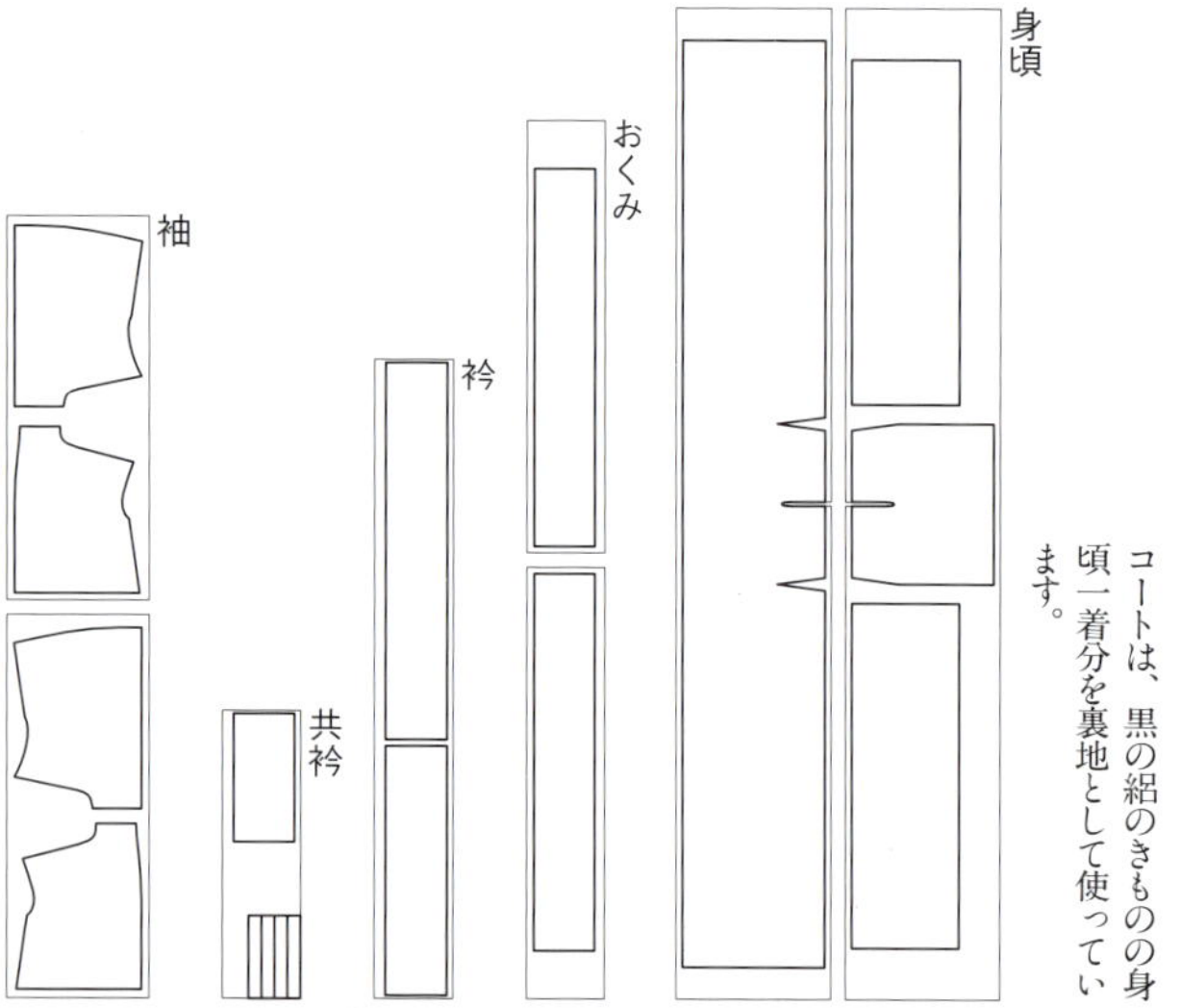

コートは、黒の絽のきものの身頃一着分を裏地として使っています。

色絣のお召から、ワンピース

たいへんですが、柄合せは気を抜かないで!

「ママ、まるでモンドリアンの絵のようね!」と娘は言いました。きものには案外、こんなふうにモダンな柄も多いのです。じっくりと柄合せを考えて裁断しましょう。
このワンピースも、大きい格子の柄を合わせたら、結局ミニ丈になりました。袖もとれなかったのです。でも、作り替えるときほど柄合せが大切と割り切りました。
このきものは、姑が娘時代の義姉にあつらえた普段着です。義妹たちも愛用し、姪である私の娘がお下りでいただきました。娘はたいそう気に入って、とうとう本当にひざがすり切れたので、あわせをほどいてみました。裏を見たときの驚きと言ったら! 絣の色に法則性がないのが不思議だとは思っていましたが、縦にも横にも精巧にはいであったのです。若くして亡くなって会ったことのない姑ですが、きものを最後まで生かし切りたい気持ちに、時代を越えて共感しました。

作り方 63ページ

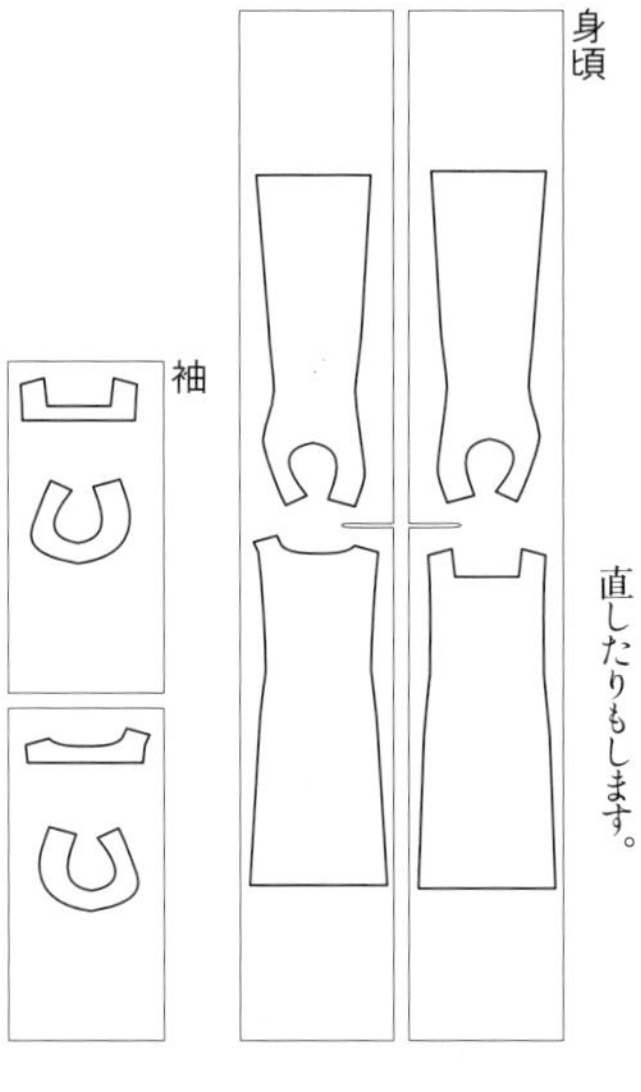

大きい柄のときは、柄合せを考えて。ときには、柄に法則性を持たせるように、あちこちはぎ直したりもします。

消し炭色の兵児帯から、ロングドレス

虫食いの穴はちょっと繕えば大丈夫、気にすることはありません。

簡単に言うと、兵児帯を二つに折って首を通しただけのドレス。スカートの裾のギャザーは、帯端を生かしたアイディアです。別布をはいでいるのではありません。

一昔前まで、父たちは家に帰ると、きものに着替えてくつろいだものです。そんなときはたいてい、ウールか大島のきものにこんな兵児帯を締めました。ただこういう普段着のウールのものは、虫が食っているものが多いのです。虫食いをどうするか。昔のきものを洋服にするとき避けて通れない課題です。このドレスの衿ぐりのあきも、虫食いの穴を隠すために考えたデザインなのです。

でも、ちょっと繕うだけで大丈夫な場合もいっぱいあるのです。かけはぎほど大変な仕事でなく、共布を裏に当てて星止めをする程度で充分です。裾のあたりでしたらほとんど気になりません。ただし、ひじ、袖つけ、おしりなど、着たときに力がかかるところは避けましょう。

サンダル　ロベール　クレジュリー

作り方　69ページ

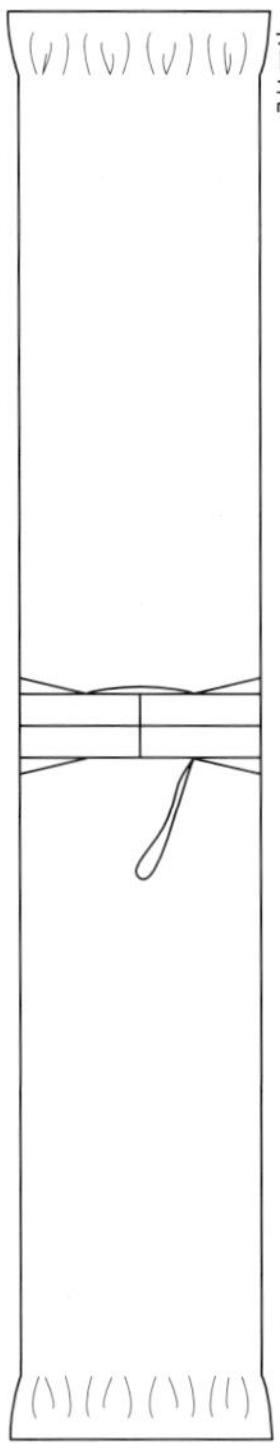

兵児帯

中央は傷んでいたので切ってサイドのひもにしています。虫食いの穴は、タックの陰でも隠しています。

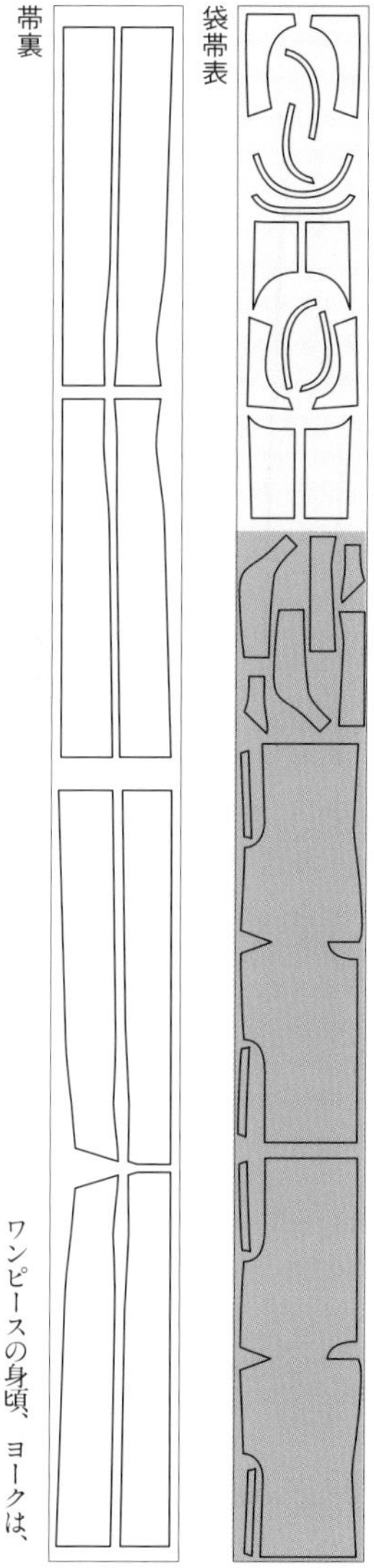

ワンピースの身頃、ヨークは、折れ線をよけて裁っています。模様を織り出したおたいこのところでボレロを。

袋帯から、ボレロとワンピース

帯は中心の折れ線を避けてデザインします。

袋帯は、表側に模様を織り出し、裏側は白無地に織ってあります。これは、その無地でワンピースを、模様のほうでボレロを裁ったアンサンブル。前ヨークには手の部分を使っています。帯は中心に折れ線がしっかりついていて、決して取れません。それをデザインでどうするかがポイントです。

裏に幾重にも糸が渡っている織りの場合は、裁つ前に仕上り線の少し外側に押えミシンをかけておくと仕事がしやすいでしょう。袋帯のミシンかけはそれほど大変ではありませんが、しつけやまつり縫いなどの手仕事は、針が容易に運ばず苦労しますので、がんばってください。袋帯には、忘れがたい人生の節目に身につけた華やかな思い出がありますから。

作り方　72ページ

あざみのひとえ帯から、ベスト

きつい柄も裏返すとマイルドになります。

漆の黒糸であざみ柄を織り出したひとえ帯でした。桜色の地色が気に入って使い込んだのですっかり薄汚れていましたが、裏返してみたら、ネガフィルムのように黒糸が表に出てモダンな印象ではありませんか。しかも、汚れも見えません。きものでも帯でも、ちょっと裏返してみることをおすすめします。

ひとえ帯でしたが、ぎりぎり、ベストを作ることができました。持出し分がとれないので突合せにして、チャイナ風のボタンでとめました。

作り方　57ページ

幅三〇センチ、長さ三四五センチ。柄があるのは全体のおよそ三分の二、そこで前身頃、後ろ身頃を裁ちます。

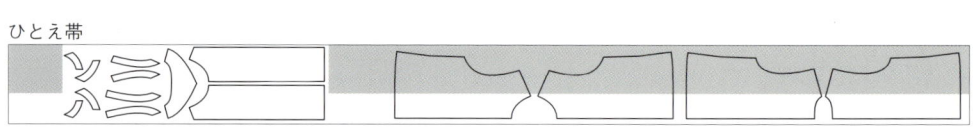

ひとえ帯

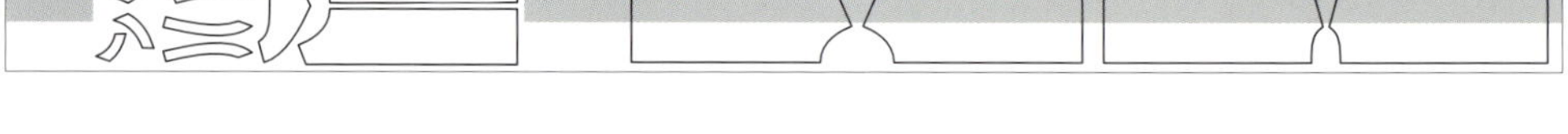

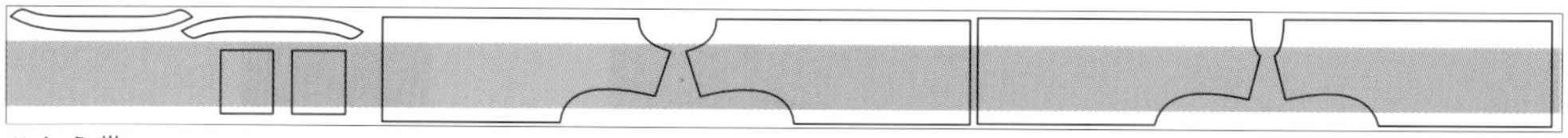

ひとえ帯

幅二八センチ、長さ三三八センチ。幅の半分に縞が通っています。ポケットの縞の柄合せも大切に。

縞のひとえ帯から、ベスト

布幅が狭かったら、ファスナーあきや突合せで。

ひとえ帯はしっかりした織りなので、張りがあって洋服には作りがいのある素材です。ただ、残念なことに、せいぜいベストを作るのが精一杯の分量なのです。このベストも、やはり持出し分がとれず、前をオープンファスナーあきにしました。

この帯は、縞をベストの中心に持ってくるか、脇にするかで、まったく違うイメージになると思います。結局、脇に寄せて、生成りの部分を前立てに見立て、スタンドカラーも生成りにしました。

作り方　65ページ

絽の喪服から、シャツ

しゃり感のある絽の喪服は縫うのも着るのも洋服に向いています。

夏にきものを着るのは、かなりな上級者になってしまいました。折りにふれお召しになるきもの好きのかたでも、夏は覚悟がいるのでは。ましてや、喪服ともなると。きものの中でもいちばん着ないのが、おそらく夏の喪服ではないでしょうか。少し前までは、結婚の支度に喪服一式も用意しましたので、お持ちのかたも多いのです。ただ、着ないといっても人さまに差し上げにくい品ですし、汗じみから色抜けしていることも多いのです。ですが、しゃり感のある黒い無地の絽は、洋服にはとてもいいと思います。布目も通しやすく、縫うのもやさしい。このシャツは、袖はひとえにして絽の透け感を楽しみ、身頃はダブルにして着やすくしました。

ネックレス　VBヴァンドームブティック（ヴァンドームヤマダ）

作り方　67ページ

五つ紋の絽の喪服。袖つけ回りやひざの後ろなど、汗をかくあたりに汗じみや色抜けがありました。

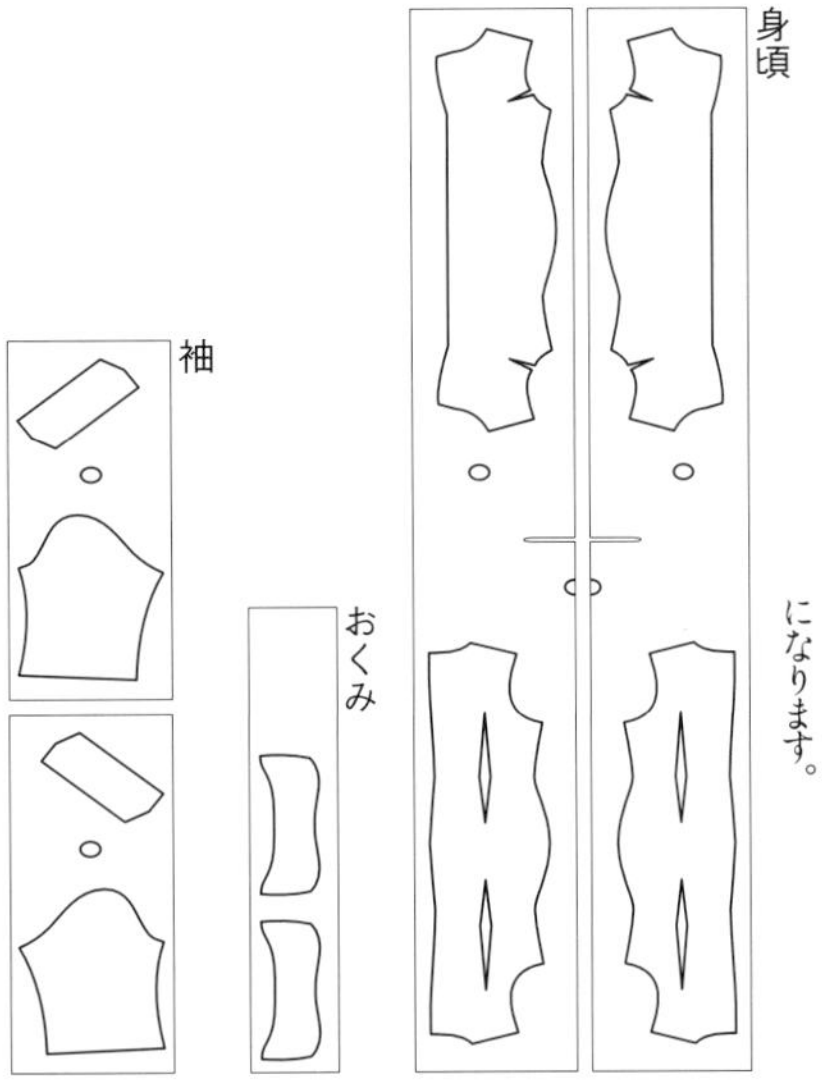

裾でわにしてダブルにするのと、紋をはずして裁つために、ブラウス一枚にきもの一着分が必要になります。

余り布のパズルから重宝なストールができました。

大正か昭和の初めごろの夏羽織です。私の母でさえ、私の小さいころはすでに夏羽織は着ていなかったと言っています。下に着たきものの柄がうっすらと透けて見えて、清涼感を楽しんだ夏のおしゃれ着だったのでしょう。

いったいに、昔のきものほど幅が狭いようです。この羽織も三三センチしかなかったので、バスト八二センチぐらいの仕上りです。まず、ワンピースを裁って、残りでパズルのようにストールをとりました。残り布はほとんどありませ

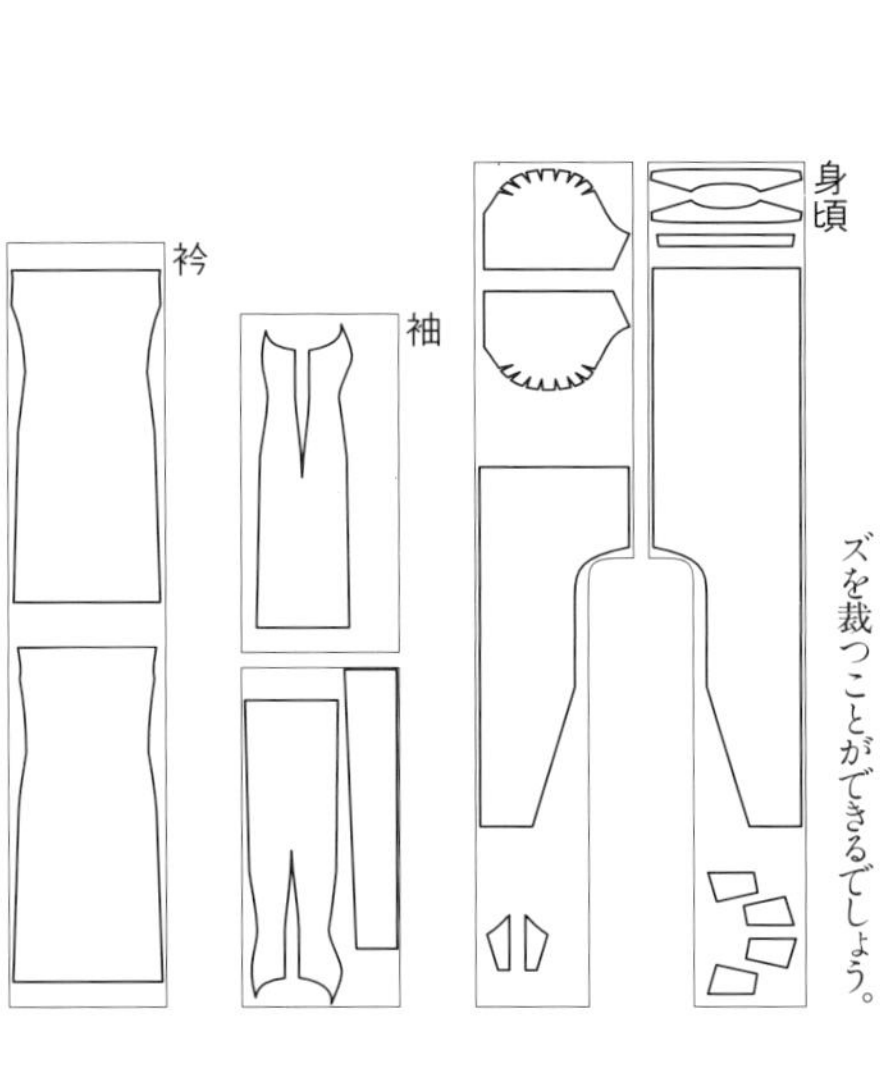

布幅が三六センチあれば、バスト八四センチぐらいまでのサイズを裁つことができるでしょう。

紹の夏羽織から、ワンピースとストール

ん。そんなとき、きものから洋服を作るささやかな醍醐味を感じるのです。

ストールのループは、ワンピースの肩ボタンにとめても別の着こなしが楽しめます。

作り方　74ページ

紋紗の夏羽織から、ツーピース

**ニュアンスのある打合せは
羽織の前後身頃の
アシメトリーから生まれました。**

このきれいに透ける紋紗からまず作りたかったのは、長めのスカートでした。人魚のように広がるシルエットの裾が揺れて、きっとすてき、と思ったのです。
上着のアシメトリーの打合せは、羽織から作ったから生まれました。スカートの残りで上着を裁とうとしても、身頃は前も後ろも左右同じに置けませんでした。羽織の身頃は、前の幅が後ろより狭くなっているからです。裁合せを熟慮した結果のデザインですが、とても気に入っています。どれくらいの布がとれるか、羽織は本当にさまざまです。着丈や裾折返しの分量だけでなく、衿は布幅いっぱいに使ったものと、半幅のものがあります。この羽織は、半幅でした。

チョーカー　VBヴァンドームブティック(ヴァンドームヤマダ)

作り方　78ページ

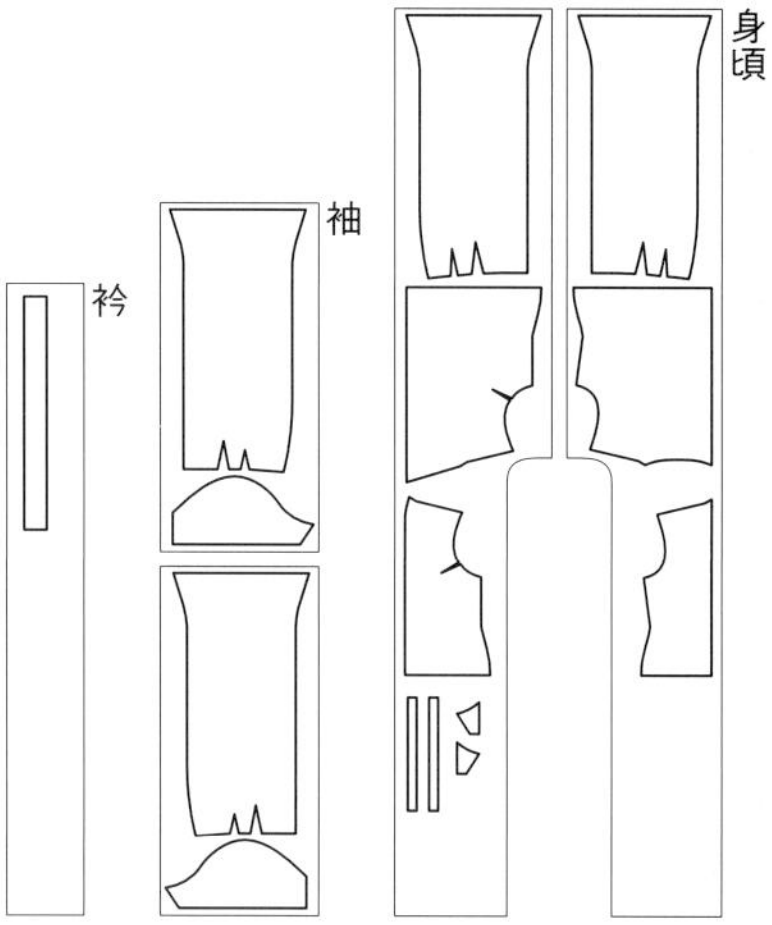

喪服の夏帯から、ジャケット

消えない折れ線は切替えのデザインで解決します。

夏の喪のための名古屋帯でした。前帯の折り目は洗い張りしても取れませんので、布幅の半分にパターンを置かなくてはなりません。おのずと、切替え線の入ったデザインになります。そのはぎをどう生かすか、積極的に考えるのが、きものからのクチュールで楽しいところです。前で結んだボーもそうして生まれました。また、帯は縫い目が強く残るため、縫い代が使えません。見返しやボーなどは、裁てなかったら別布にしても。そういった難しい点を割り引いてもなお、薄手の帯のほどよい張りは、洋服作りには魅力的です。このジャケットも、衿と見返し以外は芯なしなのに、こんなにきれいなシルエットが生まれました。さや形の地紋も光に映えています。

作り方　80ページ

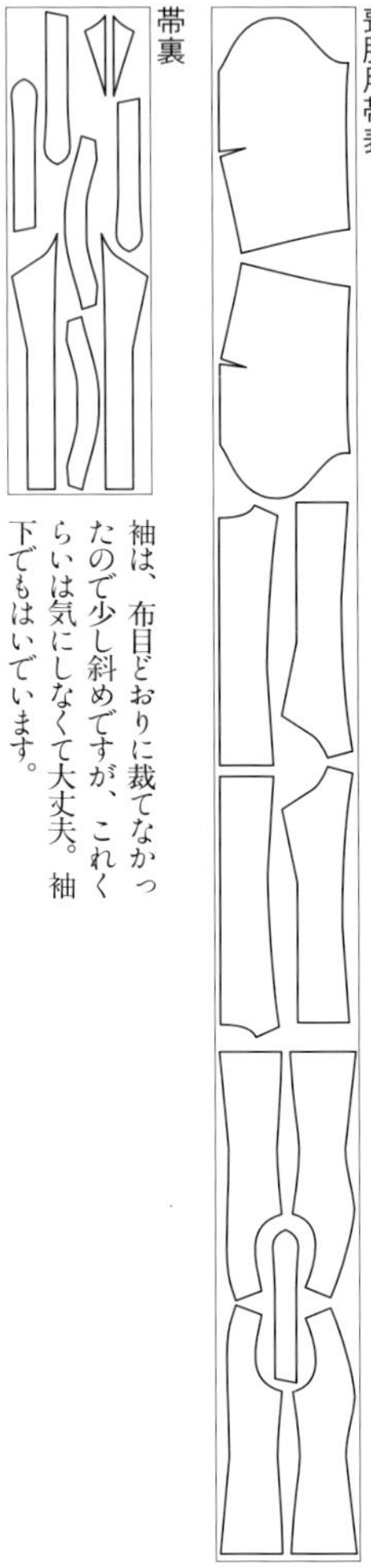

袖は、布目どおりに裁てなかったので少し斜めですが、これくらいは気にしなくて大丈夫。袖下でもはいでいます。

絽の夏羽織から、ニットとスカート

布として愛した後は、細く切ってリボンニットにして。

同じ一枚の羽織からのアンサンブルです。渋さの中に優雅さの感じられる色彩は、歳月にあせやすいようで、初めにスカートを裁った後、ブラウスをとるのは難しかったのです。ふと、昔の人が布をさまざまに繰り回して、いよいよとなったら裂織りにすることを思い出し、細く切ってリボンにして編んでみることにしました。同系色のモヘアの毛糸と二本どりにしてリボンの表情を壊さないようにざっくりとした仕上りの編み地で、豊かな風合いのニットに。リボン状に細く切るのは根気がいる仕事ですが、絽の場合なら、布目にそっていけばいいので、さほど難しくはありません。仕上げの袖口、衿ぐりのかぎ針編みをきつめにして伸止めにします。

ニット製作　山中恕子

作り方　76ページ

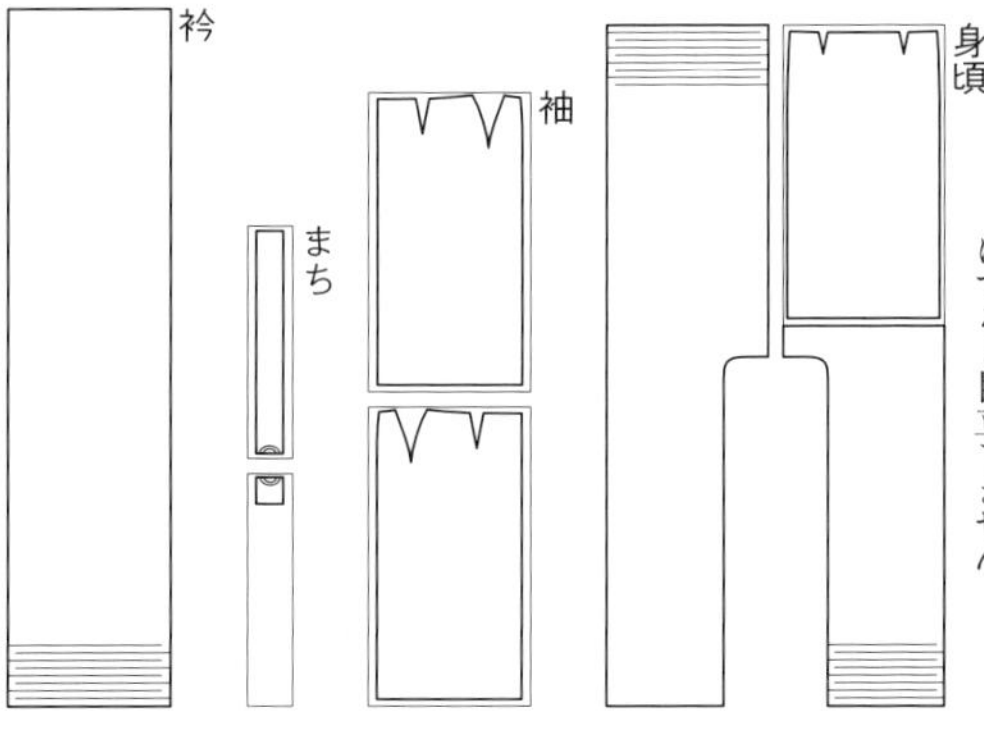

身頃の残りと衿を、八ミリ幅に切ります。結び目は、はた結びにすると目立ちません。

藍の型染めの羽織から、ブラウス

羽織からつけ帯をとってから、さらにこんなブラウスも！

大好きな羽織でしたのに、火鉢で袖を焦がしてしまったので、つけ帯にしました。昔はそんなことはよくあったのです。火鉢で焦がしてしまうことも、きれいなところを生かして別のものを作ることも。そして、さらにほんの少しの残り布も大切に捨てないでとっておくことも。

その残った、袖二枚、細い前身頃二枚だけで作ったのが、このブラウスです。着丈が長くとれないので、裾ではいでペプラムにしようかと思ったボーは、後ろ身頃の三枚はぎにはさんでサッシュベルト風にしたら、大成功。洋服地で作って、と言う友人もいました。

イアリング、ブレスレット　ロバート・リー・モーリス（ヴァンドームヤマダ）

作り方　75ページ

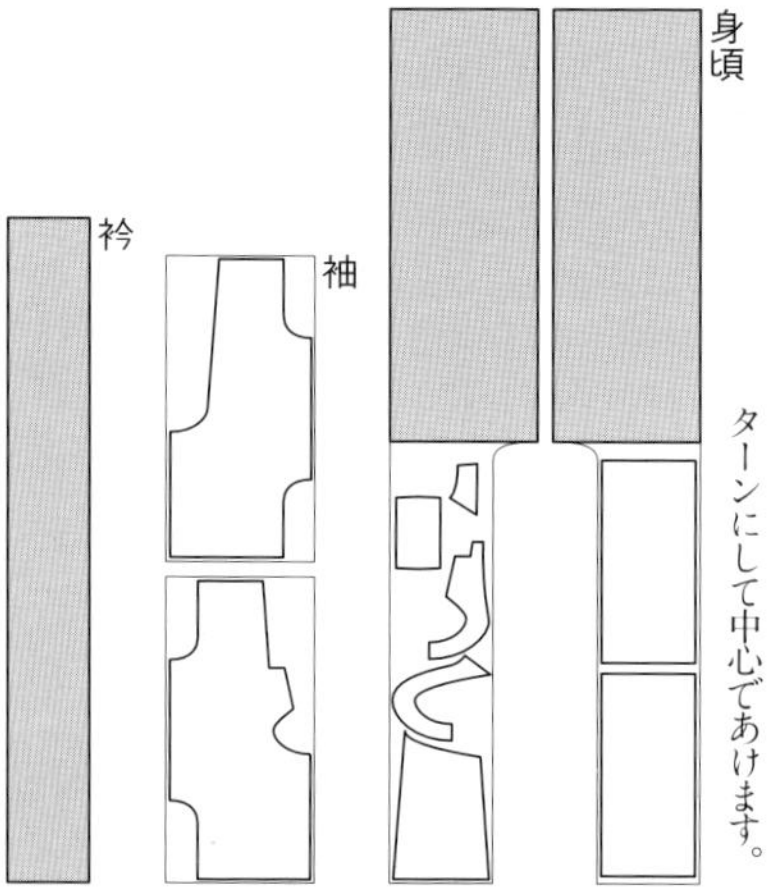

グレー部分で、つけ帯を作りました。袖に焦げ跡があるので、後ろあきが横に寄っています。傷がなければ、前身頃と同じパターンにして中心であけます。

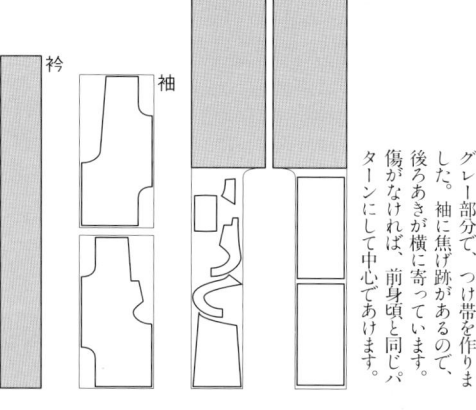

長じゅばんから、キャミソール

じゅばんはたっぷりある布から贅沢に裁断すると豪華です。

じゅばんはランジェリーですから、肌触りが格別。また、思いのほか鮮やかな色が多いのです。これを洋服として品よく着るには、やわらかさや甘さは抑えめにしたデザインで、たっぷりある布を贅沢に使ったらと思います。このタンクトップは横にタックを何段もとって、張りを持たせました。身内以外には差し上げることもあまりしませんので、たとえば、おばあさまのものを孫のお嬢さんがこんなふうに身につけたら、どんなにかすてきなことでしょう。

作り方　79ページ

裾回しから、タンクトップ

裾回しから、衿なし袖なしの一枚が作れます。

一六ページのばらのストールのきものの裾回しから、作りました。あわせのきものから、裾回しは身頃が四枚、おくみが二枚とれます。表地に負けず劣らず、すてきな染色がたくさん見られます。裾回ししだいで、同じきものを年齢に合わせて作り替えることもできるし、また粋にも上品にもなる重要な脇役だからです。衿なし袖なしのこんな小さいブラウスなら充分に作れますから、初めてのかたもここから挑戦してみてはいかがでしょう。一枚あると便利ですし。

ブローチ　アナ スイ（ヴァンドームヤマダ）

作り方　73ページ

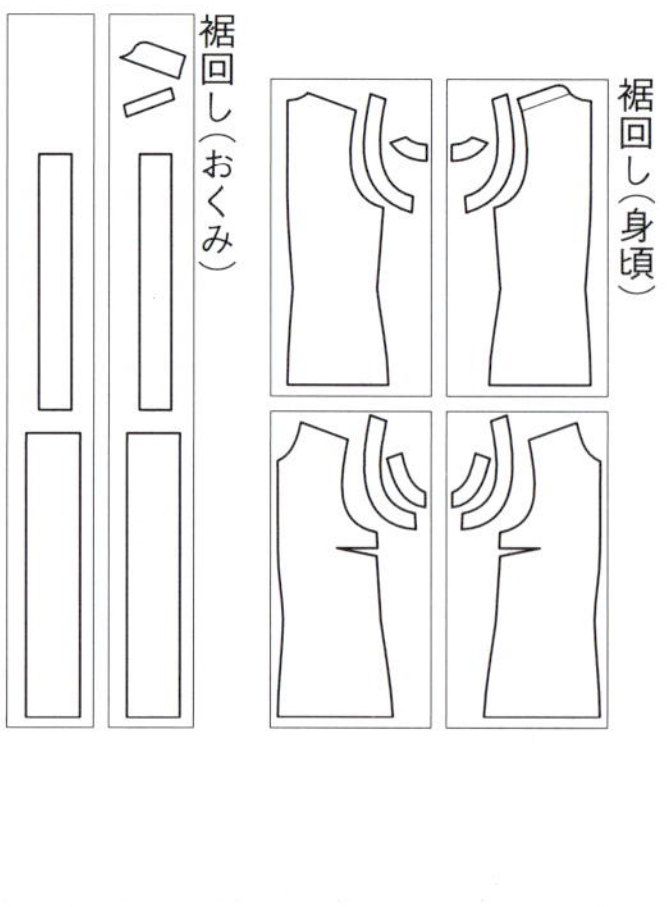

袖口や裾はかなり汚れていることがあるので、きれいなところをよって裁ちます。

麻のきものから、シャツ

きものを慈しむ気持ちから生まれた、小さいシャツ。

昔の人は本当に物を捨てませんでした。ましてや布は、ほんの端ぎれもきちんと洗い張りをしてとってあります。これは、たぶん男物のきものから縫い直した女物のきものの、身頃二枚だけが残っていたものから作ったシャツです。夏のきものなので、身八つ口あたりやひざ裏などに汗じみがあって、それを避けて裁断するのも大変でしたが、きものを最後まで慈しむ祖母たちとの幸せな知恵比べのような気持ちになった一着です。

イアリング、ネックレス　ロバート・リー・モーリス(ヴァンドームヤマダ)

作り方　64ページ

きものからクチュールへの、下ごしらえ

洋裁の型紙を配置して裁断するために、きものをほどいて四角い平らな布にします。新しい布を扱うときにはない手間ですが、丹念な繕いやはぎなどの仕事を発見して、昔の人の布を慈しむ気持ちを感じて、教えられることの多いひとときでもあります。

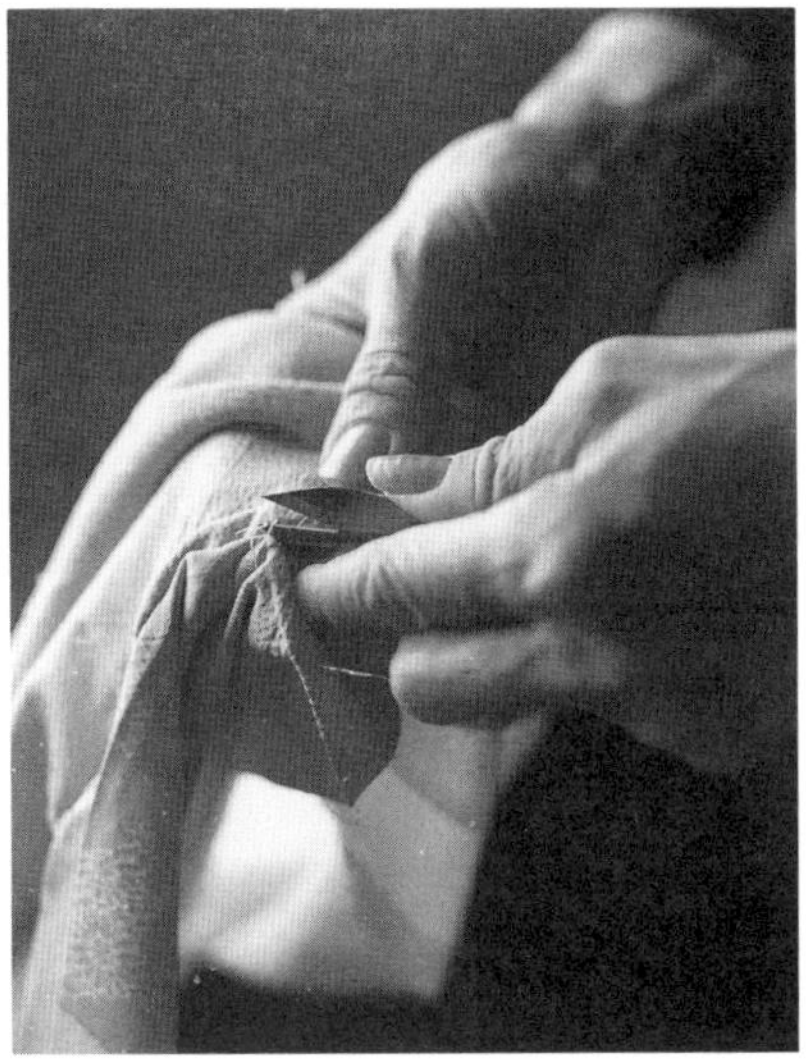

ほどき方

ほどく順番は？

きものも羽織も、まず衿をはずしたら、その後は、どこからほどいてもかまわないのです。でも、縫う順の逆にほどくと仕事はしやすいでしょう。

1 衿は、まず裏衿を胴裏からほどき、表に返して表身頃からはずします。

2 袖つけも裏、表の順でほどいて、身頃から袖をはずします。

3 衿下、裾をほどいて、表身頃と裏身頃を離します。

4 おくみ、身頃をほどきます。

ほどくときのポイント

きものをほどくとき重要なのは、順番よりもほどき方。縫い糸を切っては、解いていきます。くれぐれも、布を強く引っ張らないように。古いきものでは、布のほうが糸より弱っていることが多いからです。縫い代も無駄なく使いたいのです。

最大の難所は、袖つけ止りの四つ止め。きりきりとかたく糸で止めてあり、はさみを入れずらいのですが、裁ち合わせるとき布が切れていないと助かる場所でもあるので、要注意！　ほかにも、袖口、衿先に止めがあるので気をつけてください。

ほどく道具は、和ばさみが一番

和ばさみがいちばん適しています。洋裁で便利なリッパーは、私の経験では、鋭すぎて布を切ってしまうおそれがあるように思います。

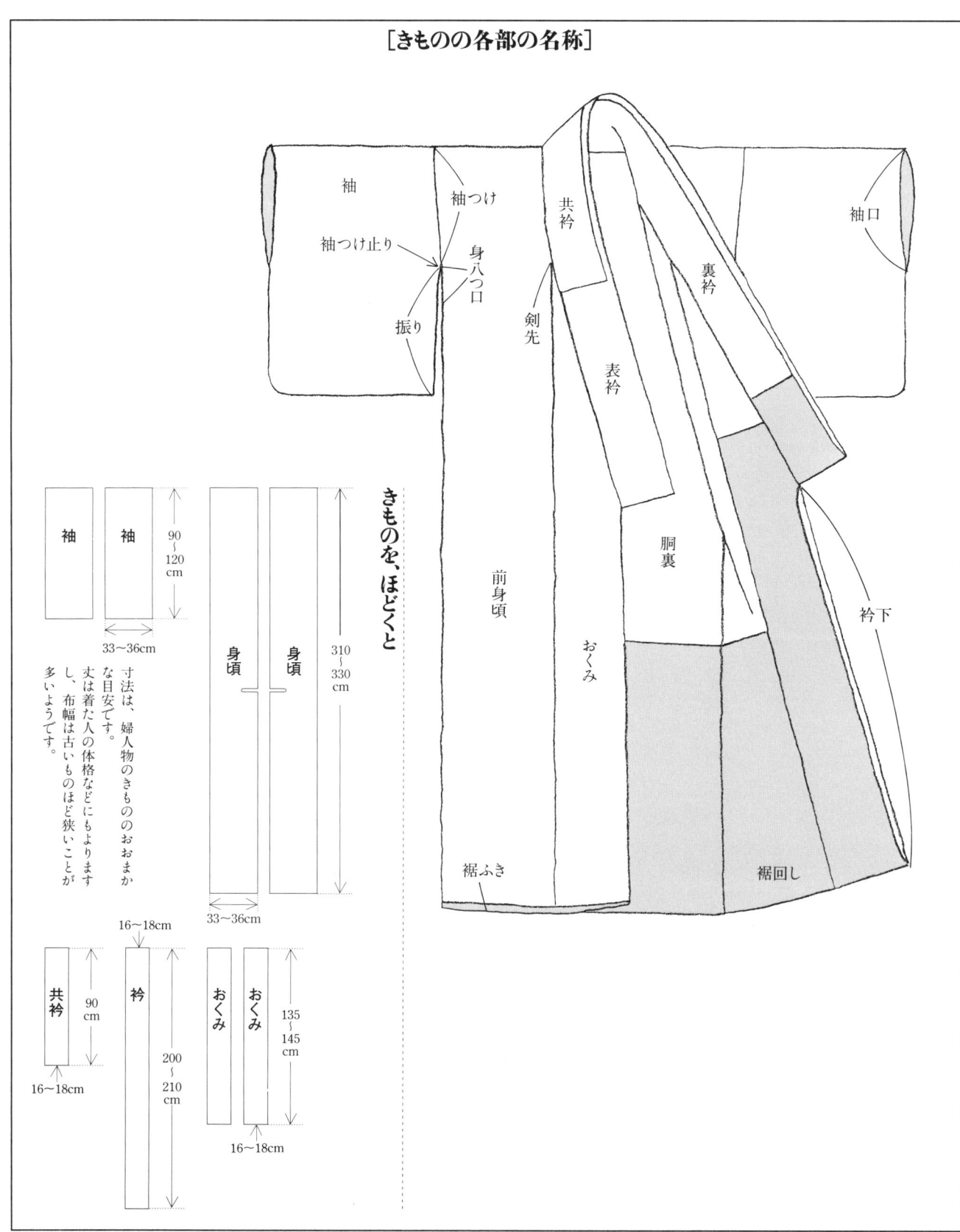

［きものの各部の名称］

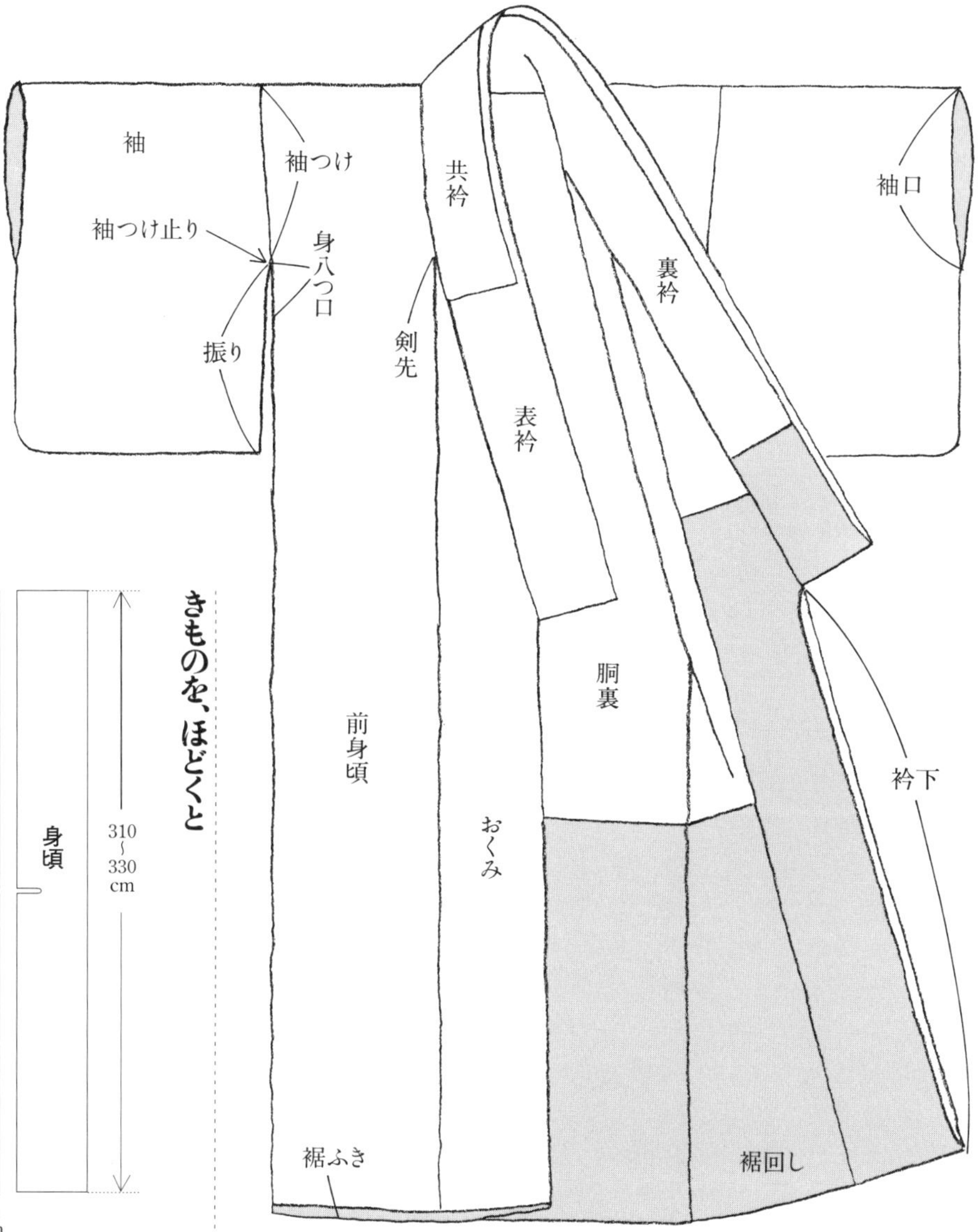

袖
袖つけ
袖つけ止り
身八つ口
振り
共衿
剣先
表衿
裏衿
袖口
胴裏
前身頃
おくみ
衿下
裾ふき
裾回し

きものを、ほどくと

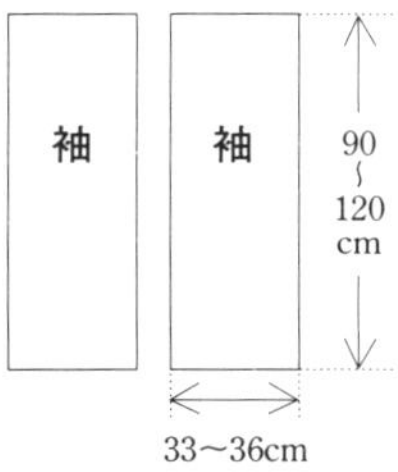

袖
袖
90〜120cm
33〜36cm
身頃
身頃
310〜330cm
33〜36cm

寸法は、婦人物のきもののおおまかな目安です。丈は着た人の体格などにもよりますし、布幅は古いものほど狭いことが多いようです。

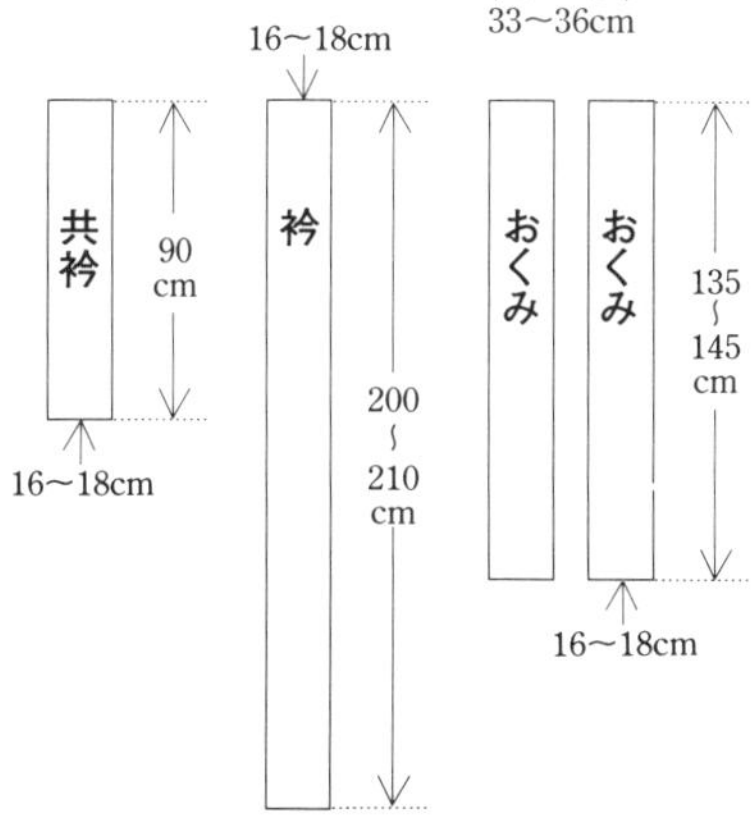

共衿
90cm
16〜18cm
16〜18cm
衿
200〜210cm
おくみ
おくみ
135〜145cm
16〜18cm

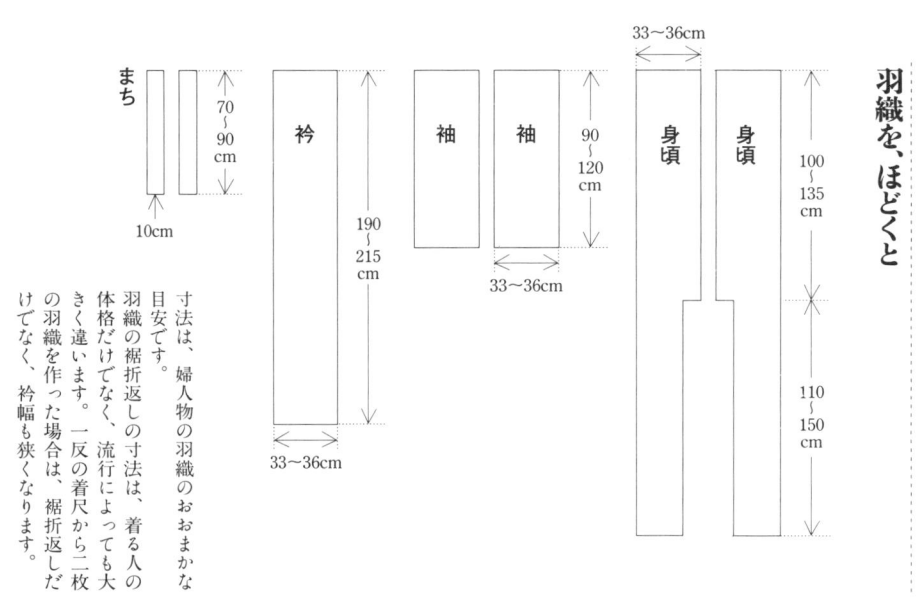

[羽織の各部の名称]

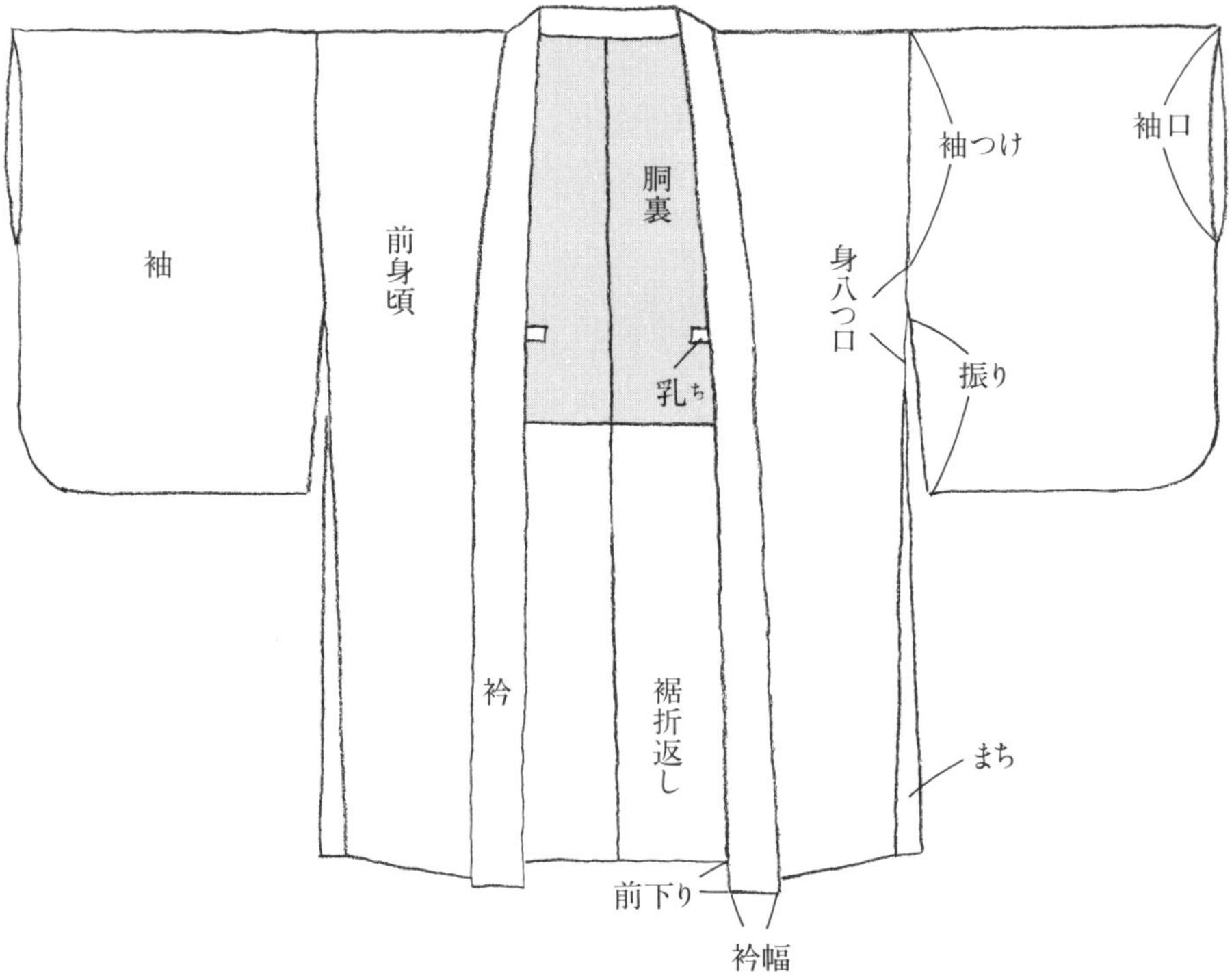

袖
前身頃
胴裏
乳《ち》
身八つ口
袖つけ
袖口
振り
衿
裾折返し
まち
前下り
衿幅

羽織を、ほどくと

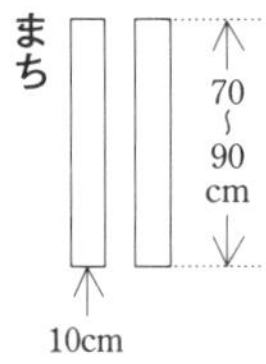

まち
70〜90cm
10cm

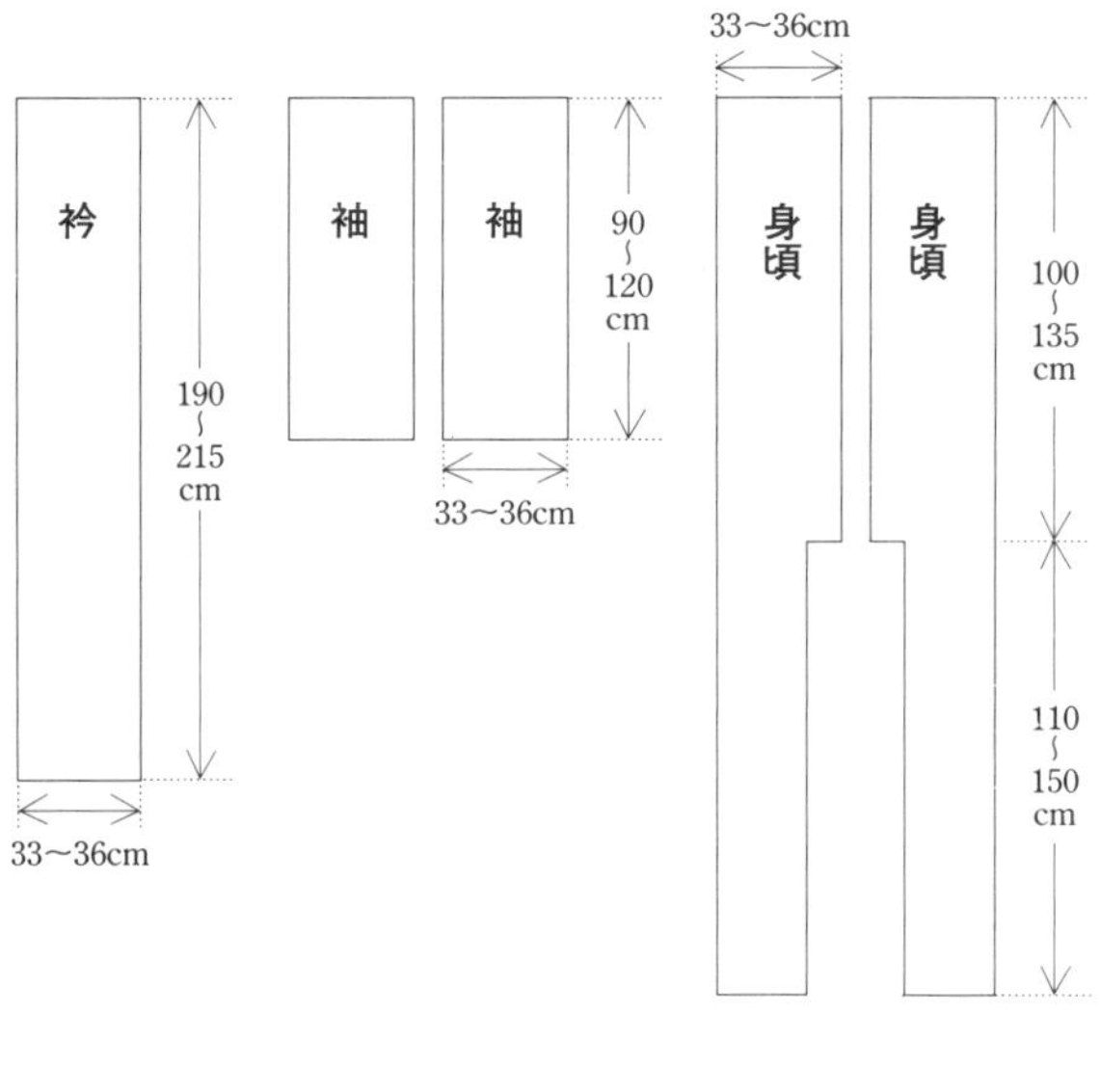

衿
190〜215cm
33〜36cm
袖
袖
90〜120cm
33〜36cm
33〜36cm
身頃
身頃
100〜135cm
110〜150cm

寸法は、婦人物の羽織のおおまかな目安です。

羽織の裾折返しの寸法は、着る人の体格だけでなく、流行によっても大きく違います。一反の着尺から二枚の羽織を作った場合は、裾折返しだけでなく、衿幅も狭くなります。

洗い方

このきものの布は、洗ってもいいのかしら、どんな洗い方が適しているのかしら、ほどいてから考えあぐねるものです。きものは素材や織り、染めによってはもちろん、作られた時代によってもまったく違い、一概に言うことは難しいのです。古くなり方も、愛用して着込んだのか、一度着ただけでたんすにしまい込んでいたのか、でも違います。

私自身は、すでにきものとして着られなくなったものを洋裁に使う場合、木綿や麻など植物繊維の布はもちろん、ちりめんやお召など絹織物も、自分で水洗いします。

なんの問題も起こらないこともあれば、色が出たり、縮んだり、風合いが変わったりすることもあり、きもので眺めていたときに抱いたイメージと大きく違ってしまうこともしばしばあります。でもそれに固執せず、柔軟にデザインし直すことにしています。むしろ、布は変化することを前提に楽しむのが、私のやり方なのです。

絹物を水洗いする

おしゃれ着用の洗剤を使って、水で手洗いします。

洗剤は漂白剤が入っているかどうか、必ずチェックして避けてください。白い仕上りをうたっているタイプの洗剤がこれです。

洗っている間の水温は一定に。そうしないと、縮みの原因になります。私が水で洗うのもそのためです。同じ温度のぬるま湯で洗えるなら、もちろんそれでもかまいません。

手早くゆすいだら、軽く一〇秒ぐらい脱水し、さおにかけて干します。

アイロンかけ

ごく生乾きのうちに取り込むことがポイントです。これをいったんビニール袋に入れ、二～三時間ねかせてからアイロンをかけると、かなりきれいに折れ筋や縫い目は消えます。うっかり干しすぎたときは、たっぷり霧を吹いてから同様にするといいでしょう。

干し上がったとき布幅が一様でないものは、布幅を整えるように軽くアイロンをかけます。狭い幅を広い幅の寸法に合わせるのですが、縮んだ布を無理に引っ張ると、結局仕上がってからつれますからほどほどに。

洗いに出す場合

元の風合いをどうしても大切にしたい場合は、共衿などで水洗いを試してみます。問題があるようなら、染め物屋さんかクリーニング店に出します。染め物屋さんには、水洗いといき洗い(ドライ)があり、きものはほどいてもらうこともできます。

しみについて

しみは、手洗いでもドライクリーニングでもまず取れないと思ってください。ほとんどがすでに長い時間がたったものが多く、しみ抜きに出しても取れないことが多いのです。デザインや裁合せで考えていくことです。

水洗いしたら、裂けてしまった!

ぬれているときに絹が裂けたら。これはかなり繊維が弱っている証拠。洋服に仕立て直すには適していません。裂いて編んだり(42ページ)、織物のよこ糸にしたりして楽しみます。昔は縫い直すとき、そのかいがあるかどうか、布端をちょっとぬらしてみて確かめたものです。洗いに出す前にも、確かめるといいでしょう。

作り方の手引き

サイズ表（単位はセンチメートル）

身体部位＼サイズ	S	M	ML	L
バスト	78	82	88	94
ウエスト	62	66	70	76
ヒップ	88	90	94	96
背丈	37	38	39	40
腰丈	18	20	21	21
袖丈	48	52	53	54

原型の引き方

身頃原型は、背丈とバスト寸法を使って引きます。

縦に、採寸した背丈、横に、バスト寸法の半分の寸法に五センチのゆるみ分を加えた寸法をとって長方形をかき、各部はバスト寸法を基に割り出した寸法に、定寸歩を加減して製図をします。

なお、原型の後ろ肩幅が前肩幅より広くなっていますが、これは背中の丸みや肩甲骨の張りに合わせるためのゆとりで、いせやダーツで処理します。

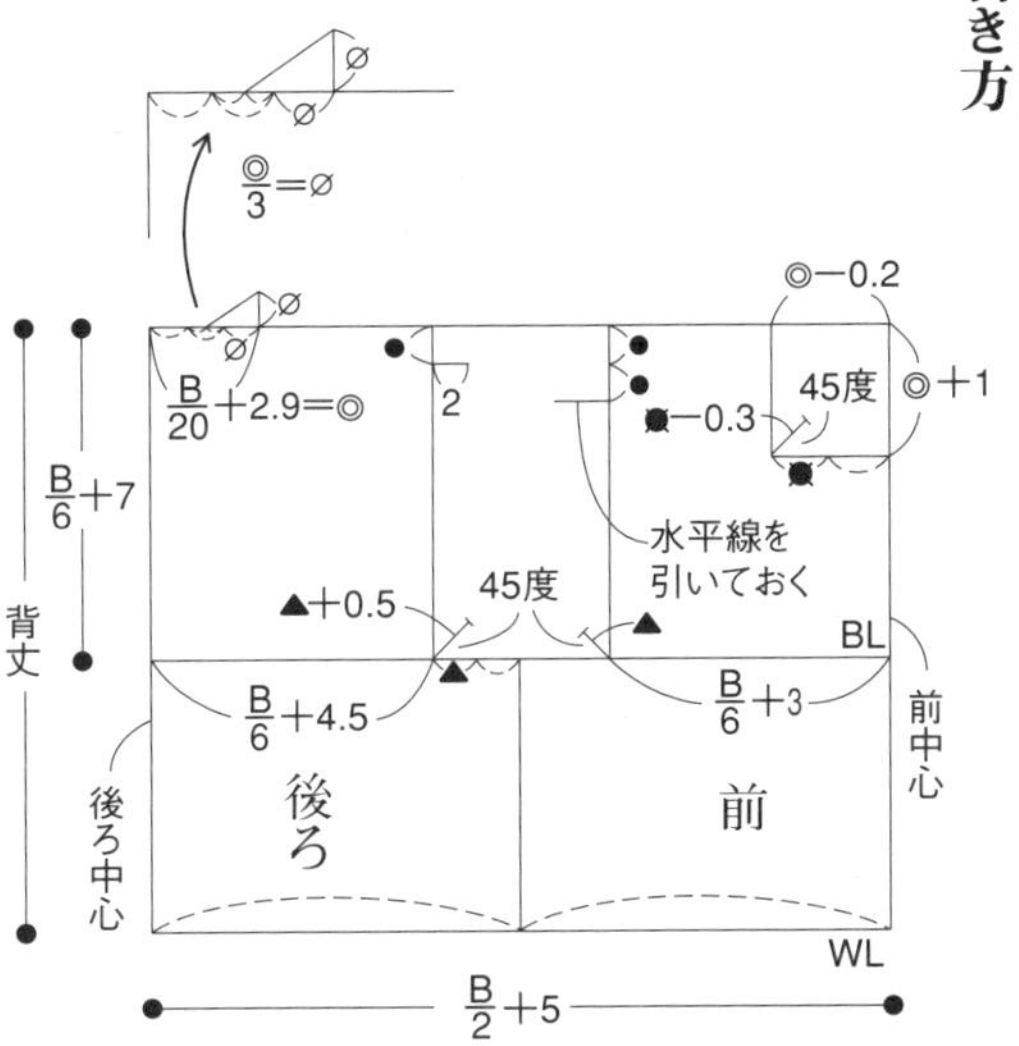

Ø
◎/3＝Ø
◎−0.2
B/20＋2.9＝◎
2
●−0.3
45度
◎＋1
B/6＋7
水平線を引いておく
背丈
▲＋0.5
45度
BL
B/6＋4.5
B/6＋3
前中心
後ろ中心
後ろ
前
WL
B/2＋5

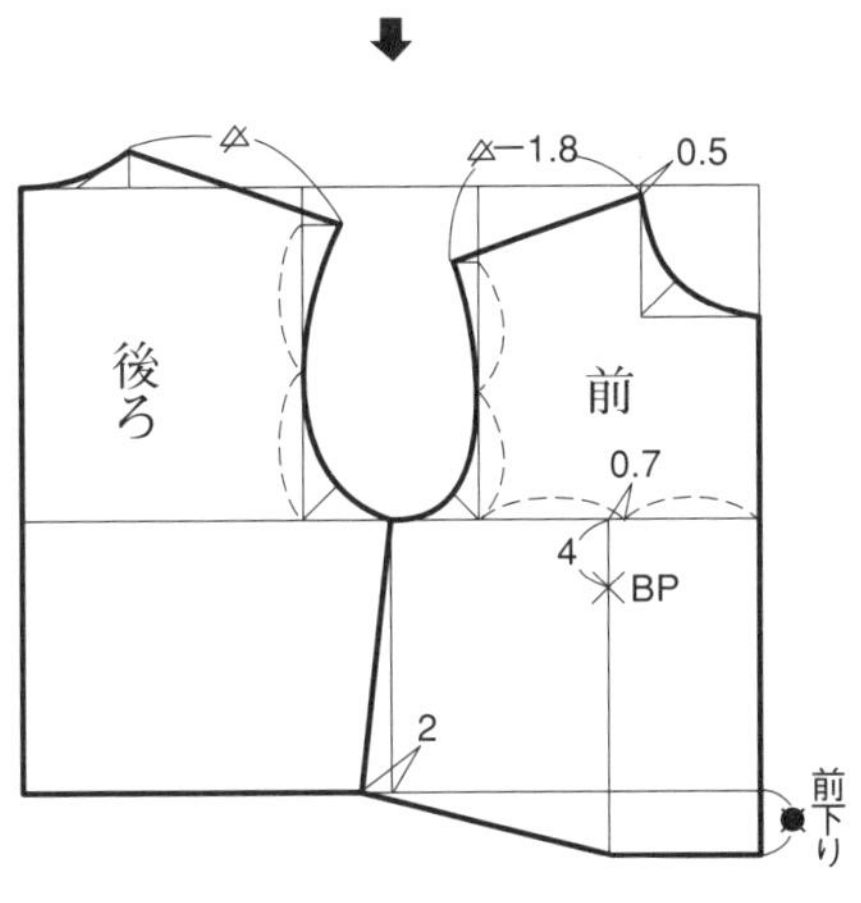

△
△−1.8
0.5
後ろ
前
0.7
4
BP
2
前下り

製図記号と製図上の約束事

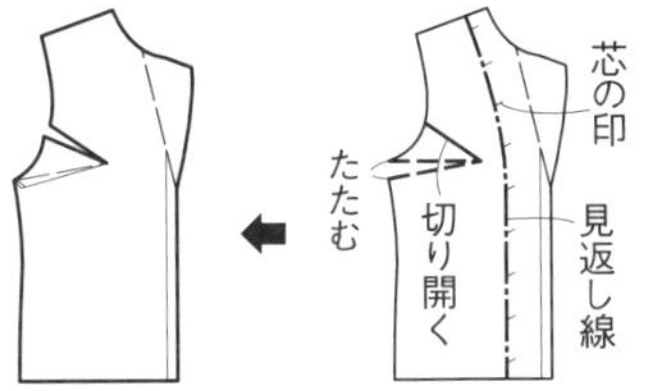

芯の印
たたむ
切り開く
見返し線

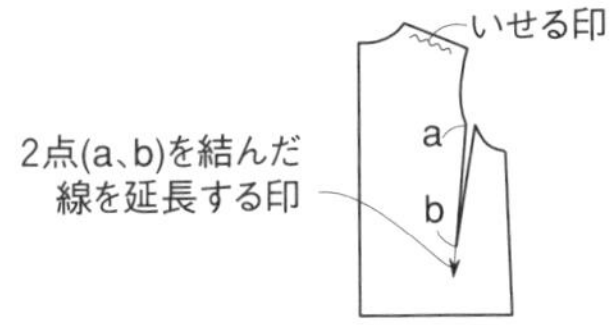

いせる印
2点(a、b)を結んだ線を延長する印
a
b

切り開く

矢印の点は動かさずに切り開く

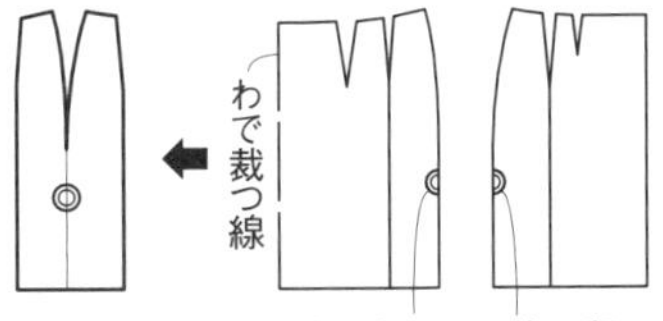

わで裁つ線

型紙を突き合わせて裁つ印

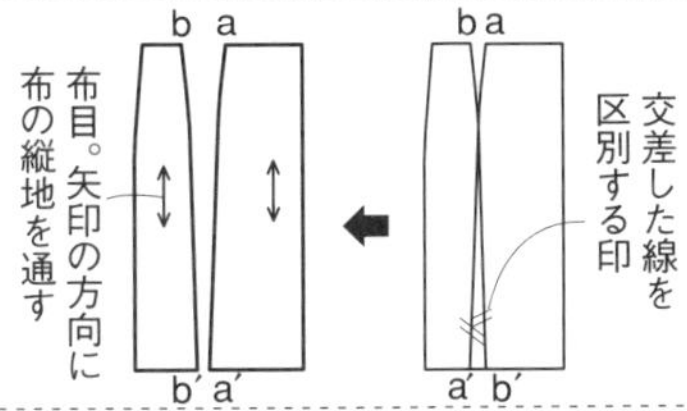

b a
ba
交差した線を区別する印
布目。矢印の方向に布の縦地を通す
b′ a′
a′ b′

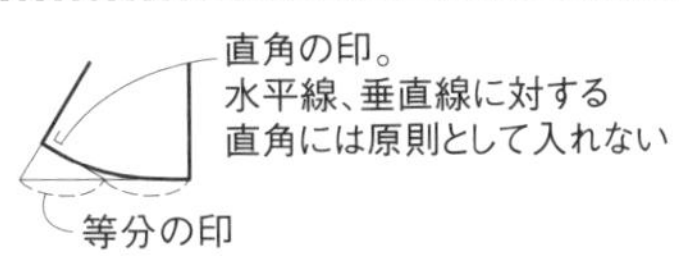

直角の印。
水平線、垂直線に対する直角には原則として入れない
等分の印

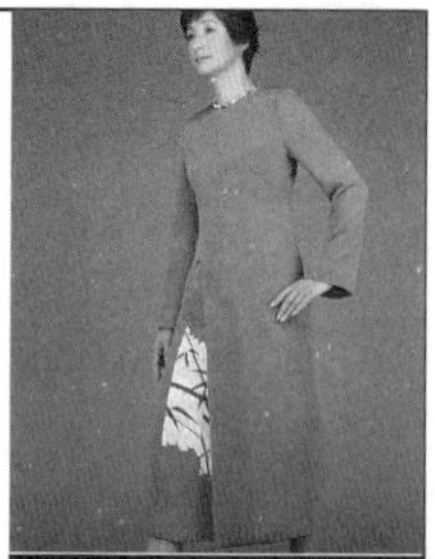

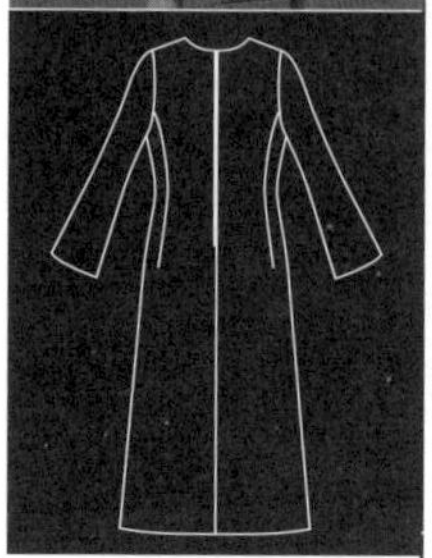

6ページ 篠竹の訪問着から、ワンピース

●表布以外の材料

別布（裾回し・三三×八〇センチぐらいのもの）二枚。九〇センチ幅で裏布三メートル、裏打ち布（綿オーガンジー・袖分を除く）三メートル八〇センチ、接着芯一五センチ。

●メモ

前身頃は前中心布から左脇にかけて身頃が二重になっています。右前側の切替え線は、右前脇布と下側の前中心布をミシンで縫い、上側の前中心布は縫止りの位置までまつりつけます。

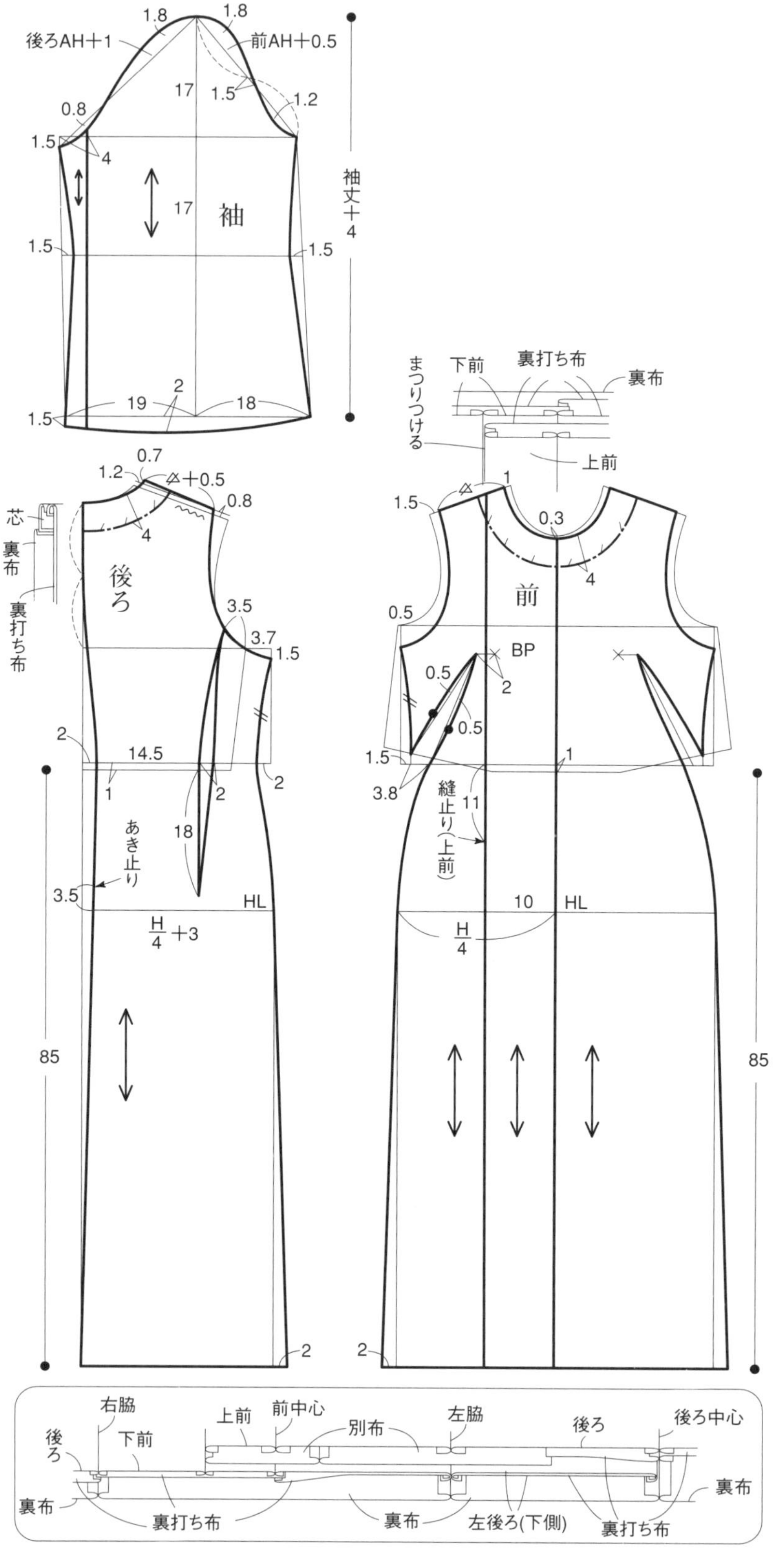

後ろAH＋1
前AH＋0.5
袖
袖丈＋4
後ろ
前
芯
裏布
裏打ち布
まつりつける
下前
裏打ち布
裏布
上前
BP
縫止り（上前）
あき止り
HL
$\frac{H}{4}+3$
$\frac{H}{4}$
85
右脇
上前
前中心
別布
左脇
後ろ
後ろ中心
下前
裏布
裏打ち布
左後ろ(下側)

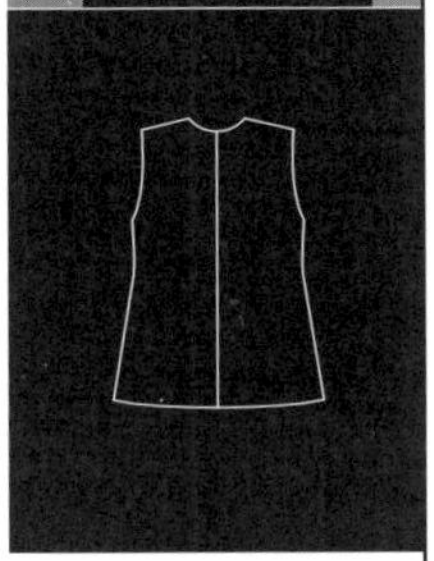

32ページ あざみのひとえ帯から、ベスト

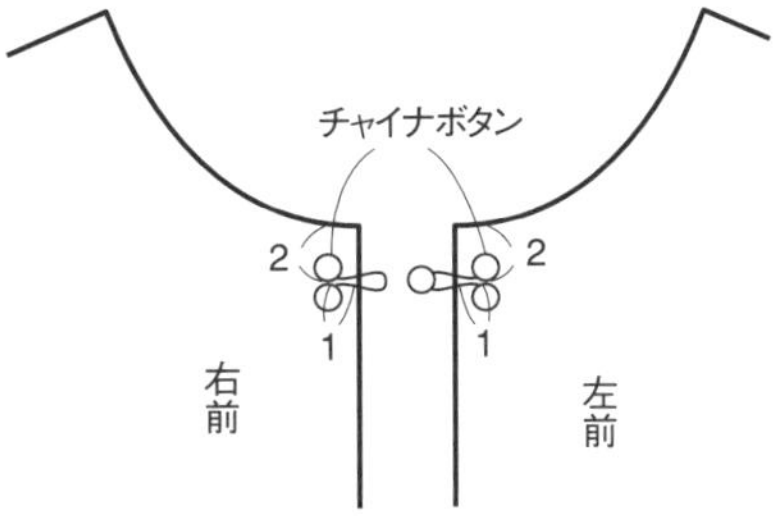

チャイナボタン
2
1
2
1
右前
左前

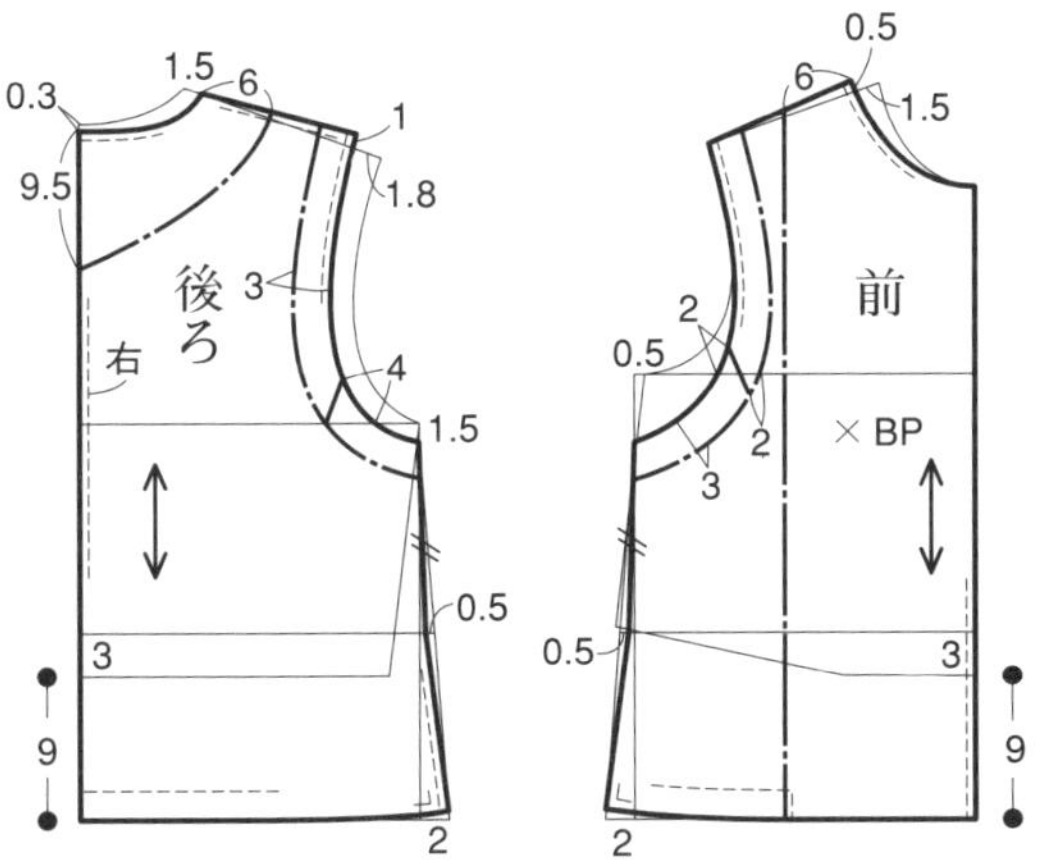

0.3
1.5
6
1
9.5
1.8
後ろ
右
3
4
1.5
0.5
3
9
2
0.5
6
1.5
前
2
0.5
2
3
× BP
0.5
3
9
2

●メモ

一重仕立ての場合、後ろ衿ぐり見返しは、後ろ中心を長くしておくと、見返しが表側に浮いてくることがなく、おさまりよく仕上がります。厚手の布を使用する場合は、見返しの端を表にひびかないようにまつっておくと、さらに安心です。

袖ぐり見返しのはぎ目は、布幅の都合で入れています。布に余裕のある場合は、はぎ目を入れないで裁断します。

ステッチ幅＝0.6
2

裏打ち布（綿オーガンジー）の裁ち方

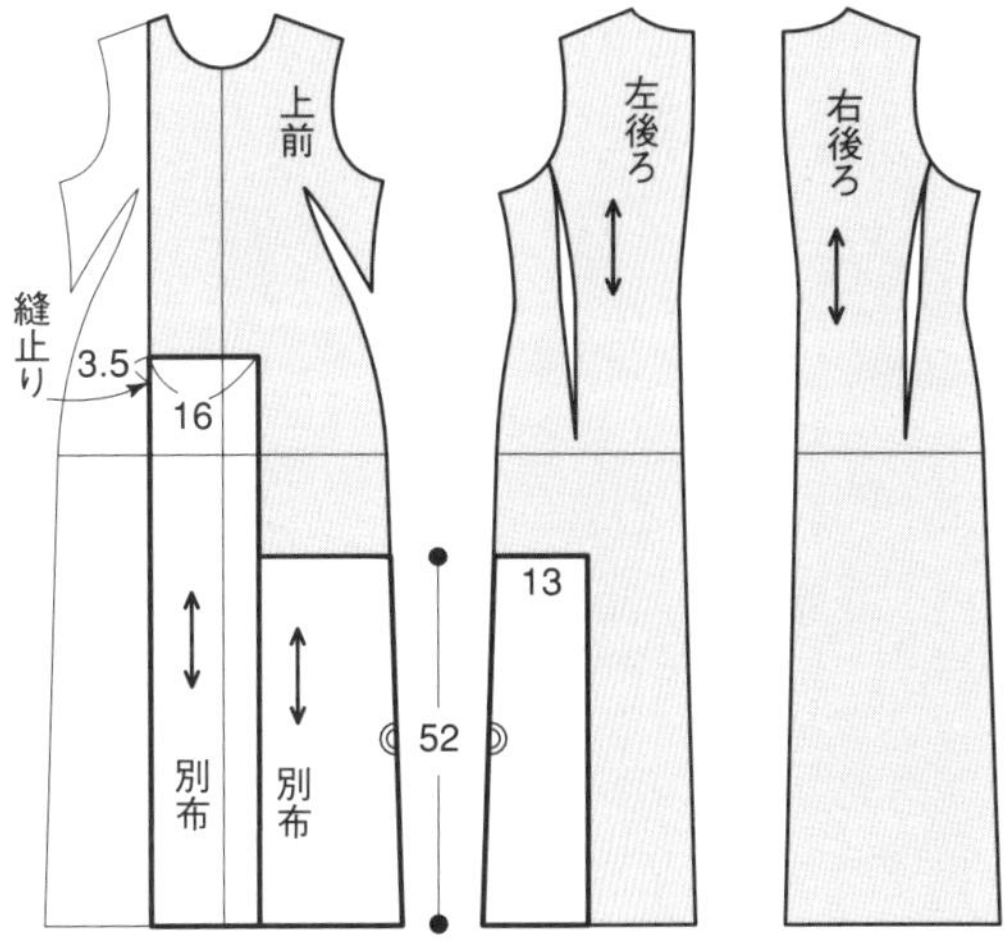

上前
左後ろ
右後ろ
縫止り
3.5
16
13
52
別布
別布

下側身頃の裏打ち布の裁ち方

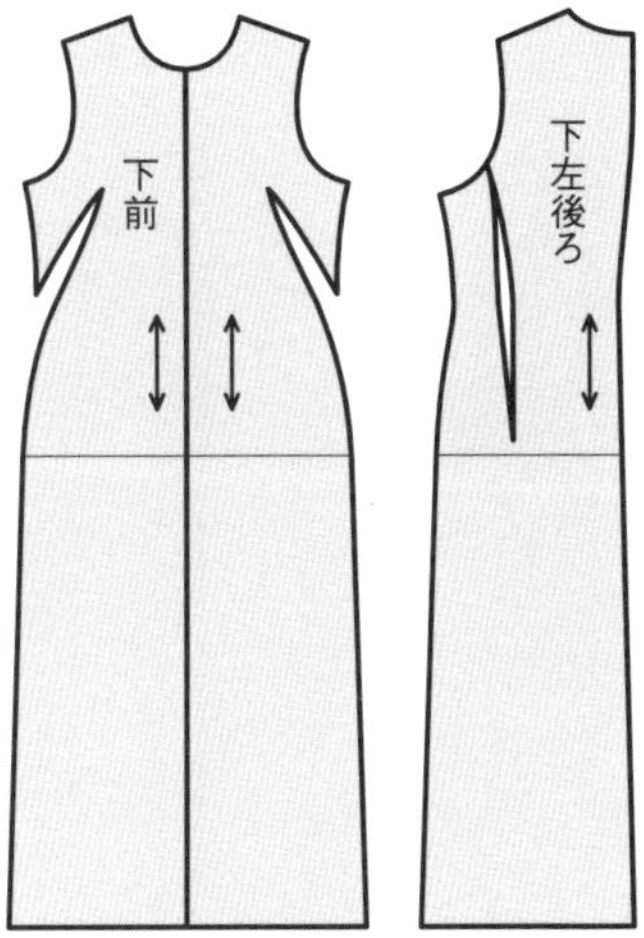

下前
下左後ろ

下側身頃の表布の裁ち方

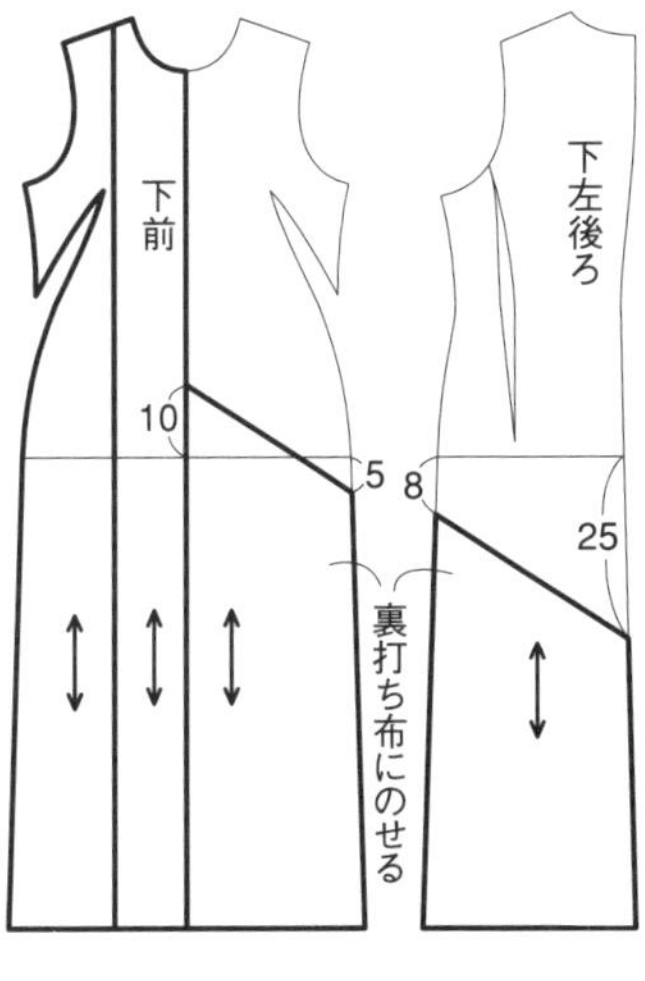

下前
下左後ろ
10
5
8
25
裏打ち布にのせる

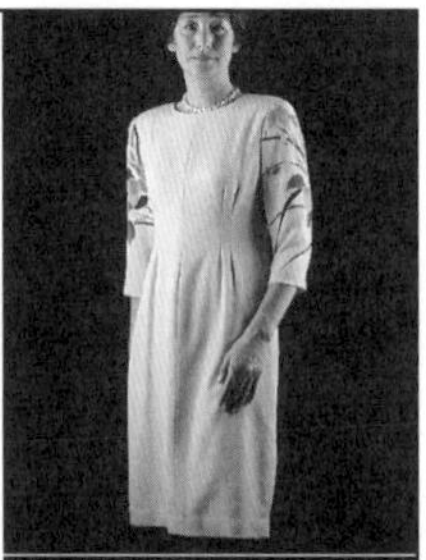

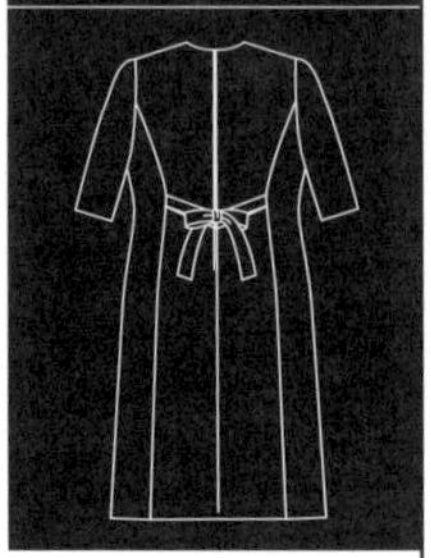

8ページ
蘭の訪問着から、ワンピース

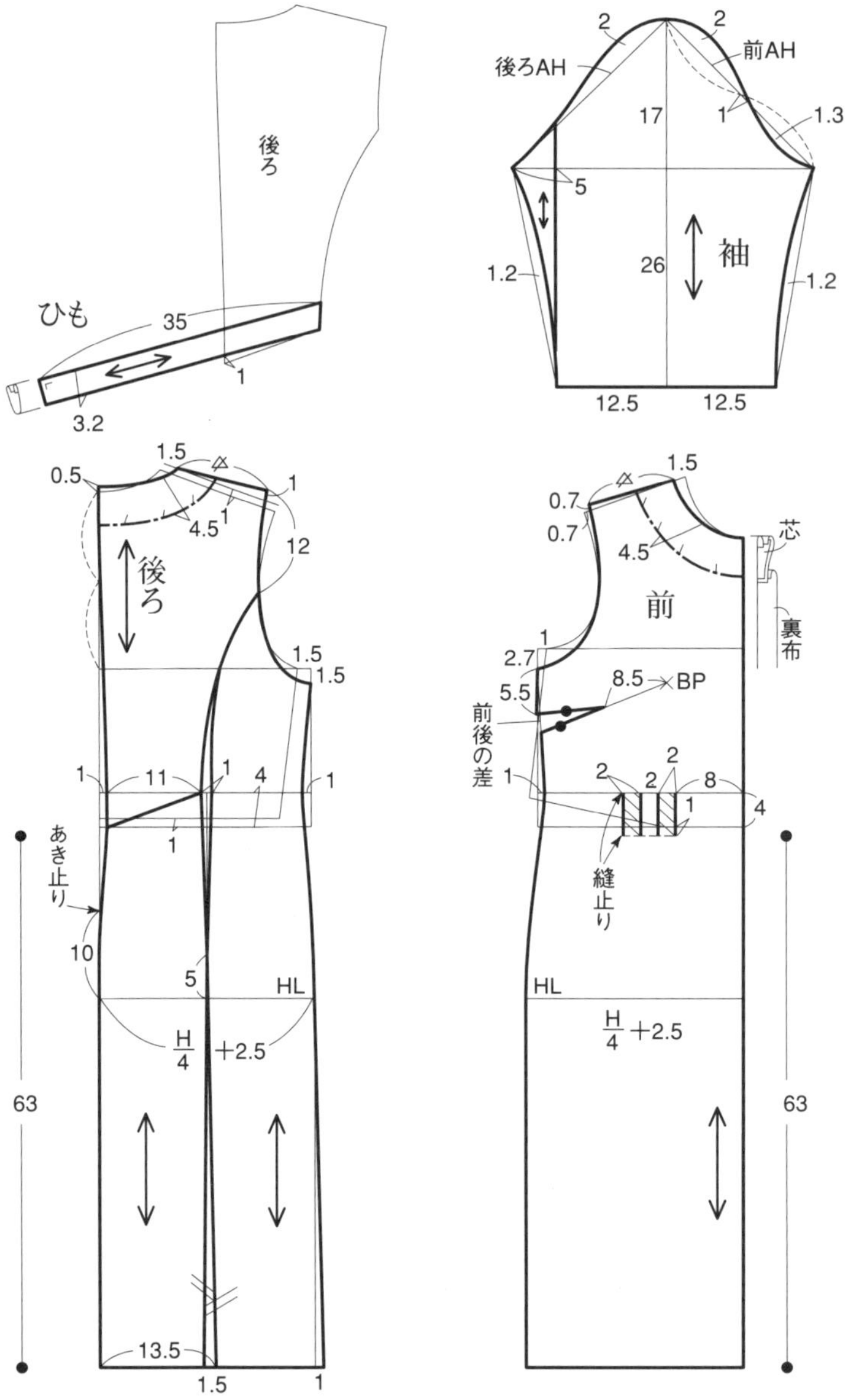

後ろ
ひも
35
1
3.2
2
2
後ろAH
前AH
17
1
1.3
5
26
袖
1.2
1.2
12.5
12.5
1.5
0.5
1
4.5
1
12
後ろ
1.5
1.5
1
11
1
4
1
1
あき止り
10
5
HL
H/4 +2.5
63
13.5
1.5
1
1.5
0.7
0.7
芯
4.5
前
裏布
1
2.7
8.5
BP
5.5
前後の差
1
2
2
2
8
1
4
縫止り
HL
H/4 +2.5
63

ダーツの引き方

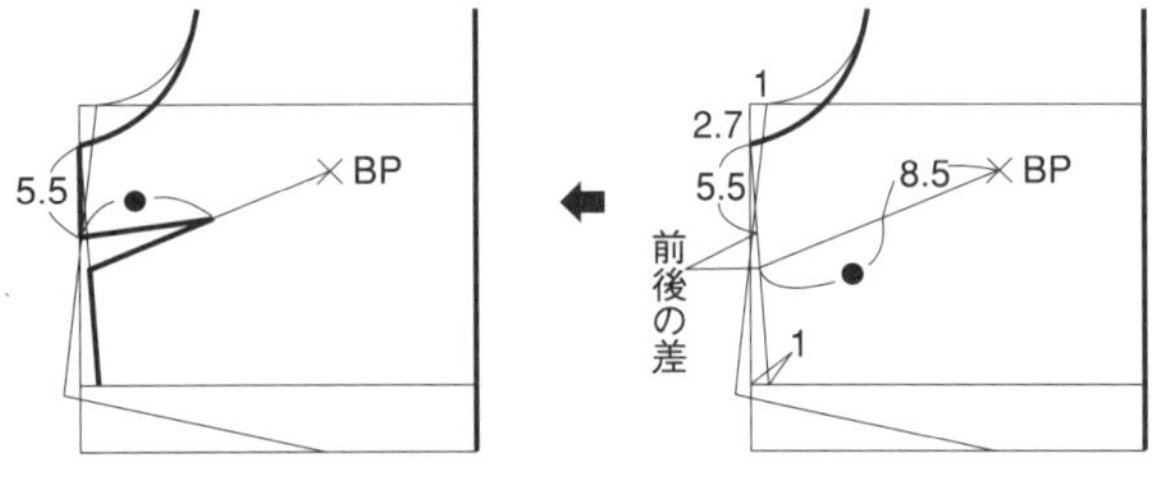

5.5
BP
1
2.7
5.5
8.5
BP
前後の差
1

●**表布以外の材料**
九〇センチ幅で裏布二メートル一〇センチ、接着芯一五センチ。

●**メモ**
前身頃のダーツは、図で示したように上下の長さが同寸法になるように引きます。後ろ身頃のひもは、仕立ててから縦の切替え線にはさんで一緒に縫いつけます。

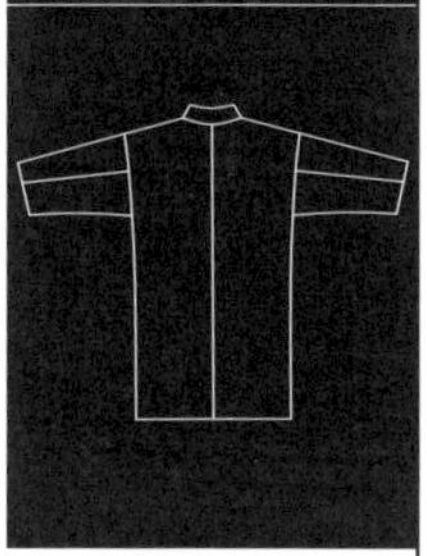

10ページ 男物の紋付き羽織から、コート

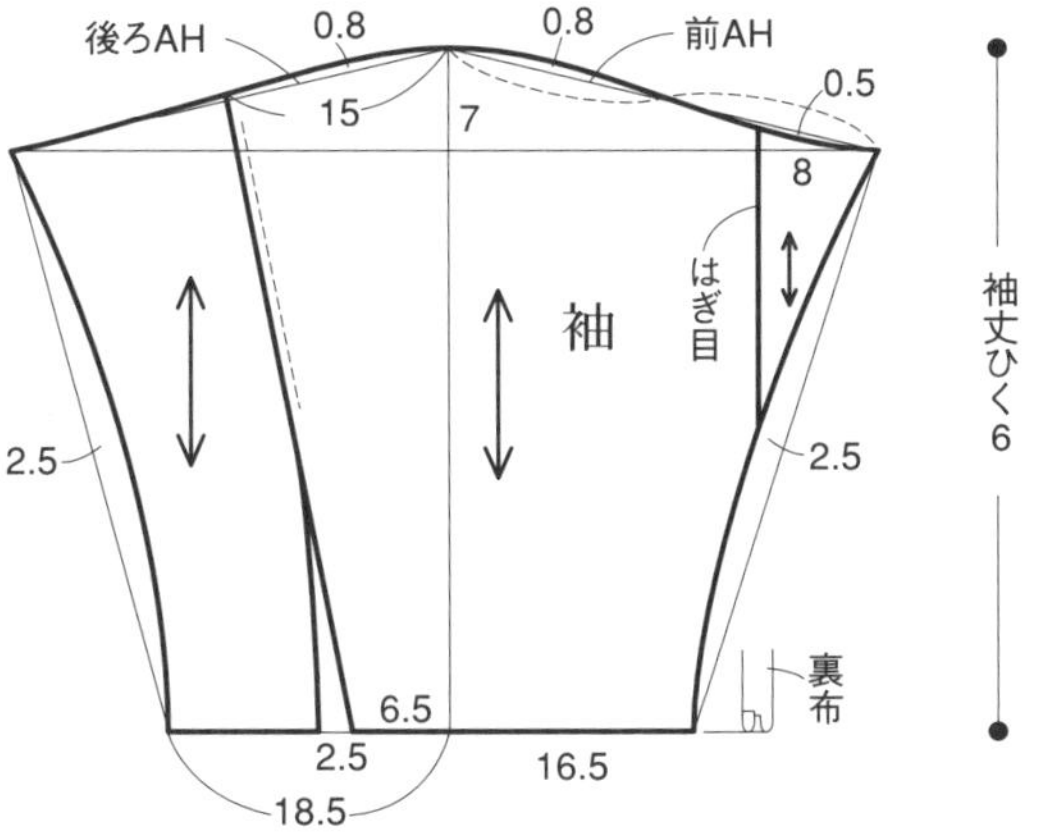

後ろAH
0.8
0.8
前AH
0.5
15
7
8
袖
はぎ目
袖丈ひく6
2.5
2.5
裏布
6.5
2.5
16.5
18.5

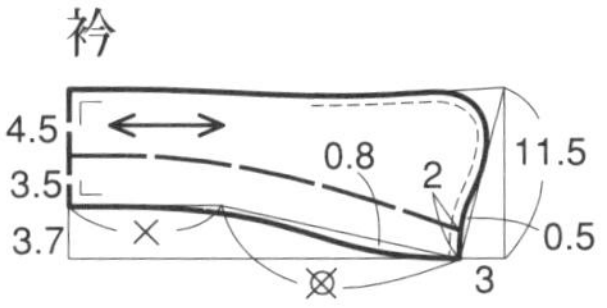

衿
4.5
3.5
3.7
0.8
2
11.5
0.5
3

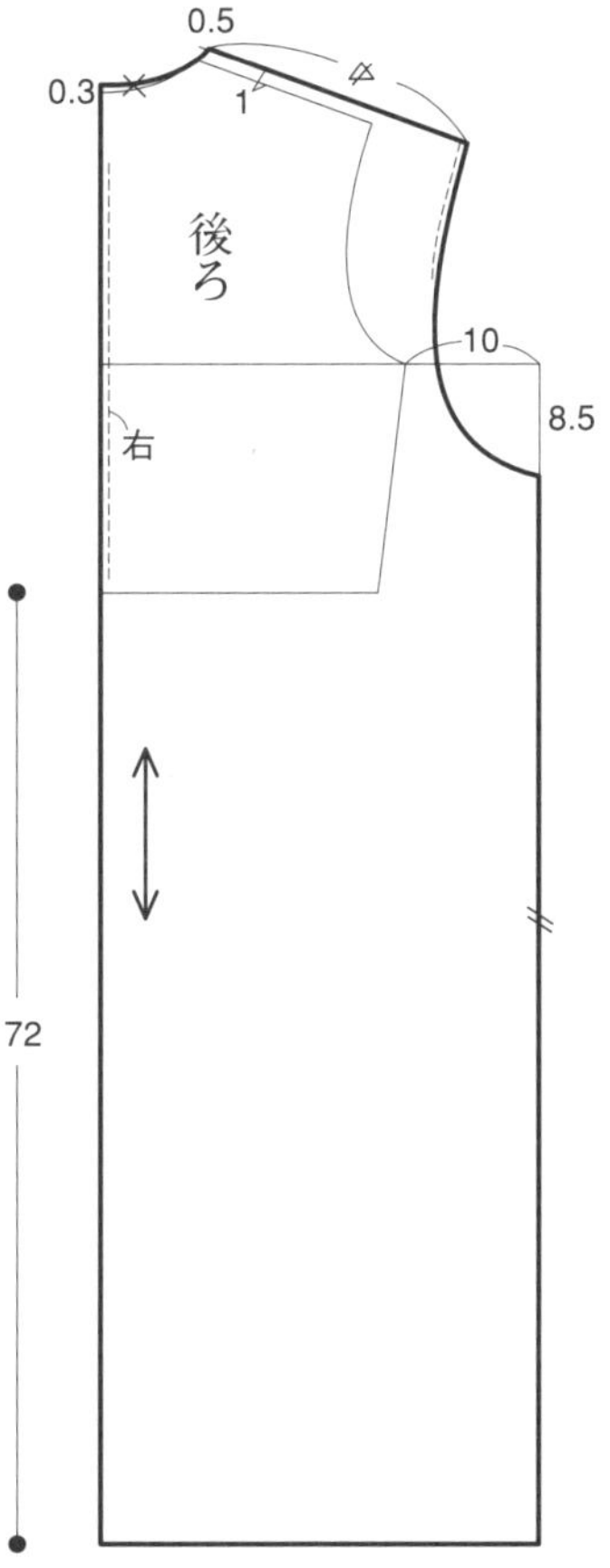

0.5
0.3
1
後ろ
10
右
8.5
72

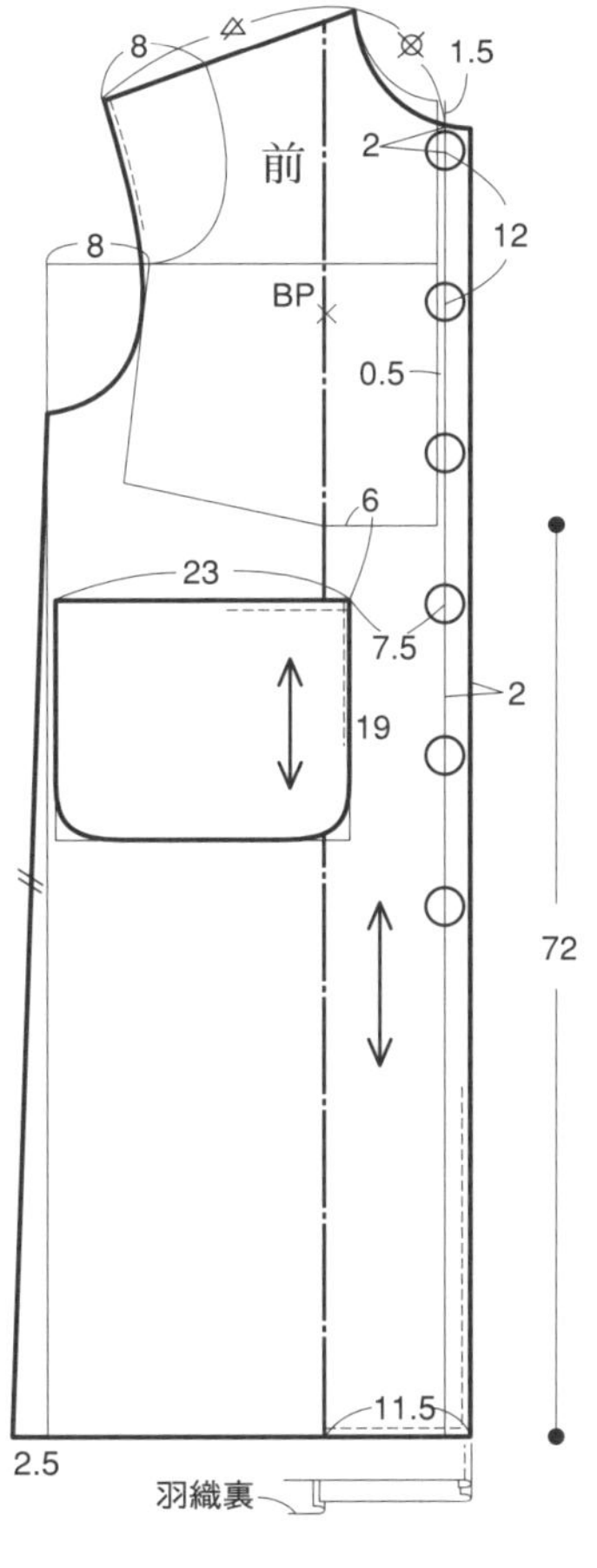

8
1.5
前
2
12
8
BP
0.5
6
23
7.5
2
19
72
11.5
2.5
羽織裏

●表布以外の材料

羽織裏一枚、裏布（袖、袋布分）九〇センチ幅一メートル二〇センチ。

●メモ

袖山の低い袖の袖つけは、まず袖の切替え線を縫い、身頃の肩を縫います。次に、袖をつけ、袖下から脇を続けて縫います。袖つけ縫い代は、身頃側に片返しにして、ステッチで押さえます。

ボタンの大きさ＝3

ステッチ幅＝0.2 0.7

厚み0.8の肩パッドをつける

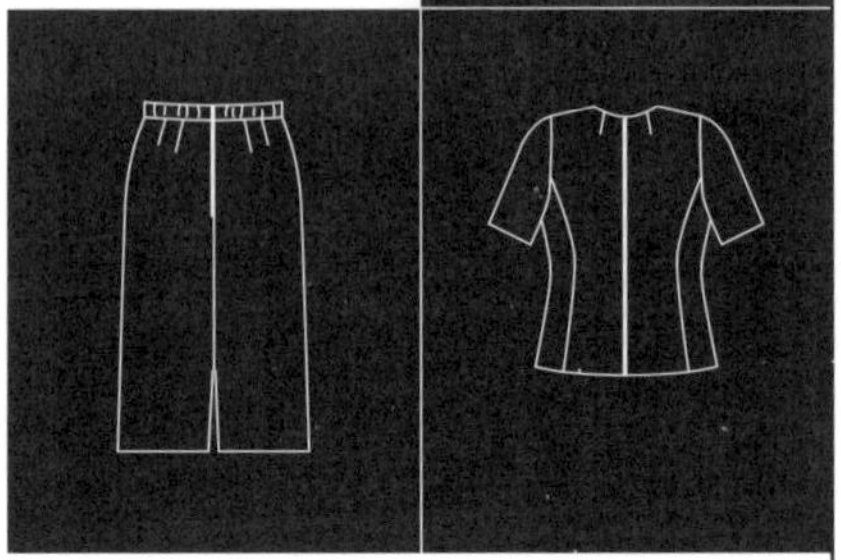

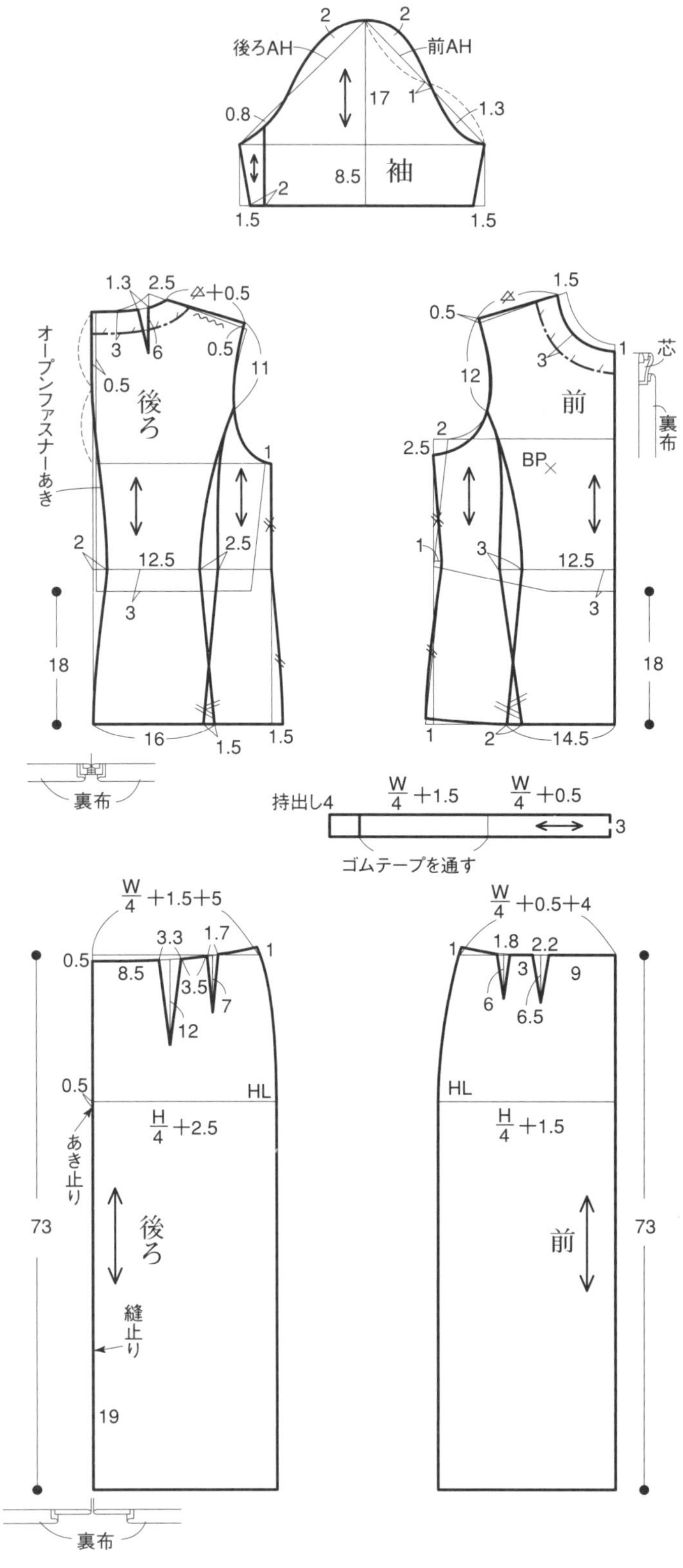

12ページ 裾にぼかしの羽織から、ツーピース

●表布以外の材料

九〇センチ幅で裏布二メートル五〇センチ、接着芯一五センチ。

●メモ

ブラウスの後ろ中心は五ミリ出して製図しています。これは後ろ中心にオープンファスナーあきがあるためで、裏布をつける仕立ての場合、布の厚みとファスナーの厚み分として必要なゆとりです。ファスナーは切替え線などを縫う前につけておきます。裏布の後ろ中心はファスナーテープにまつりつけます。

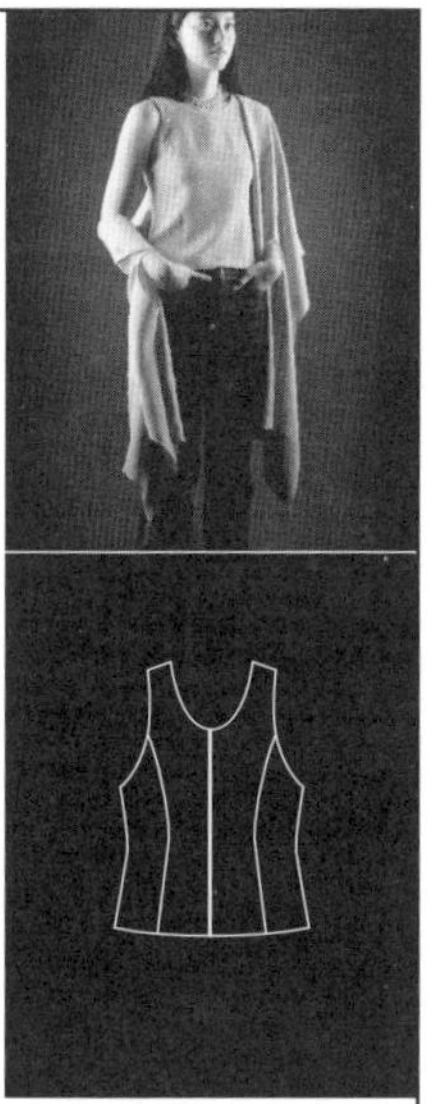

17ページ
かのこ柄のお召から、ストールとタンクトップ

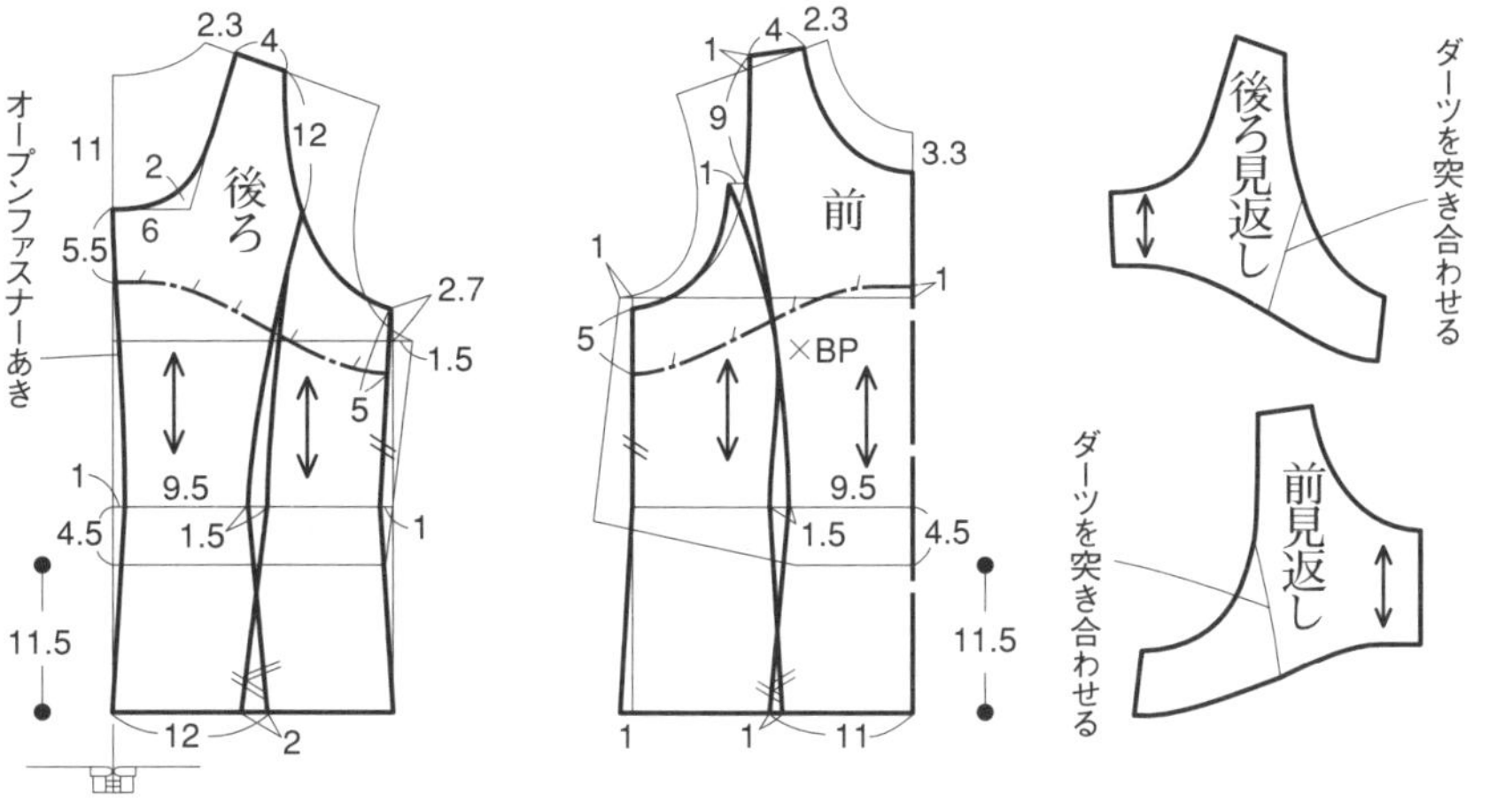

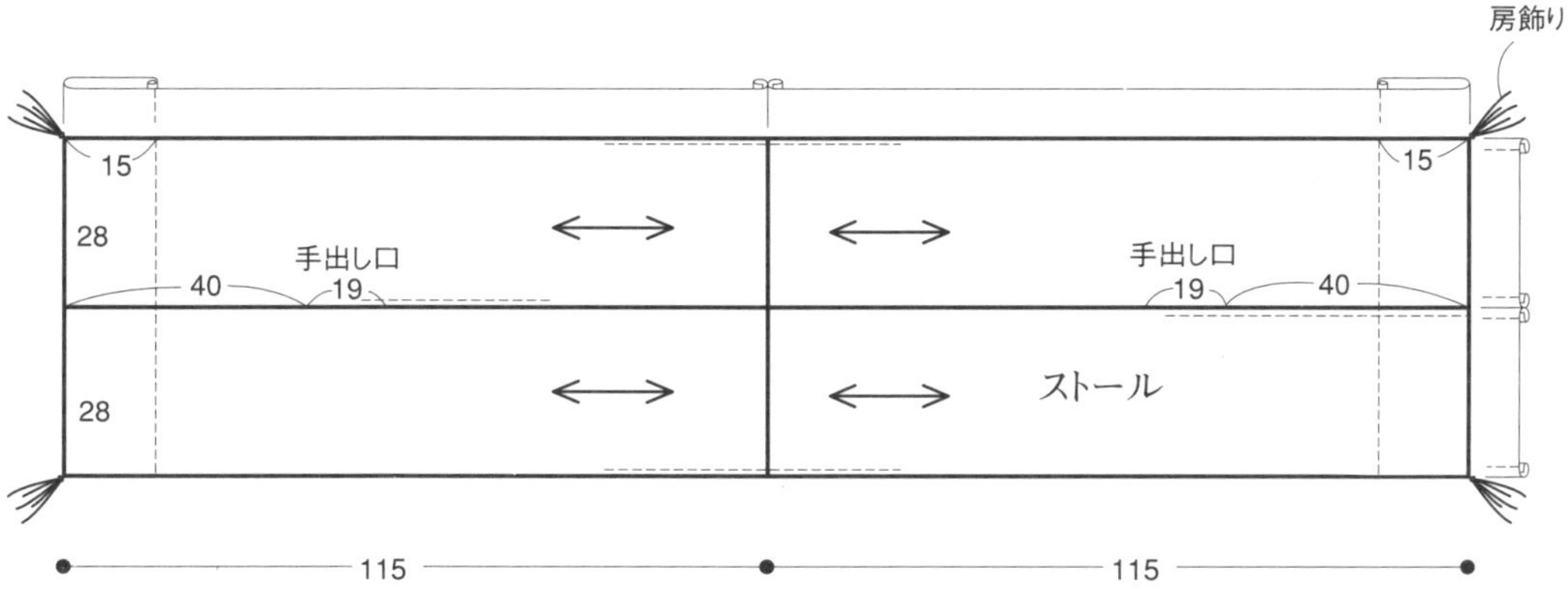

房飾りの作り方

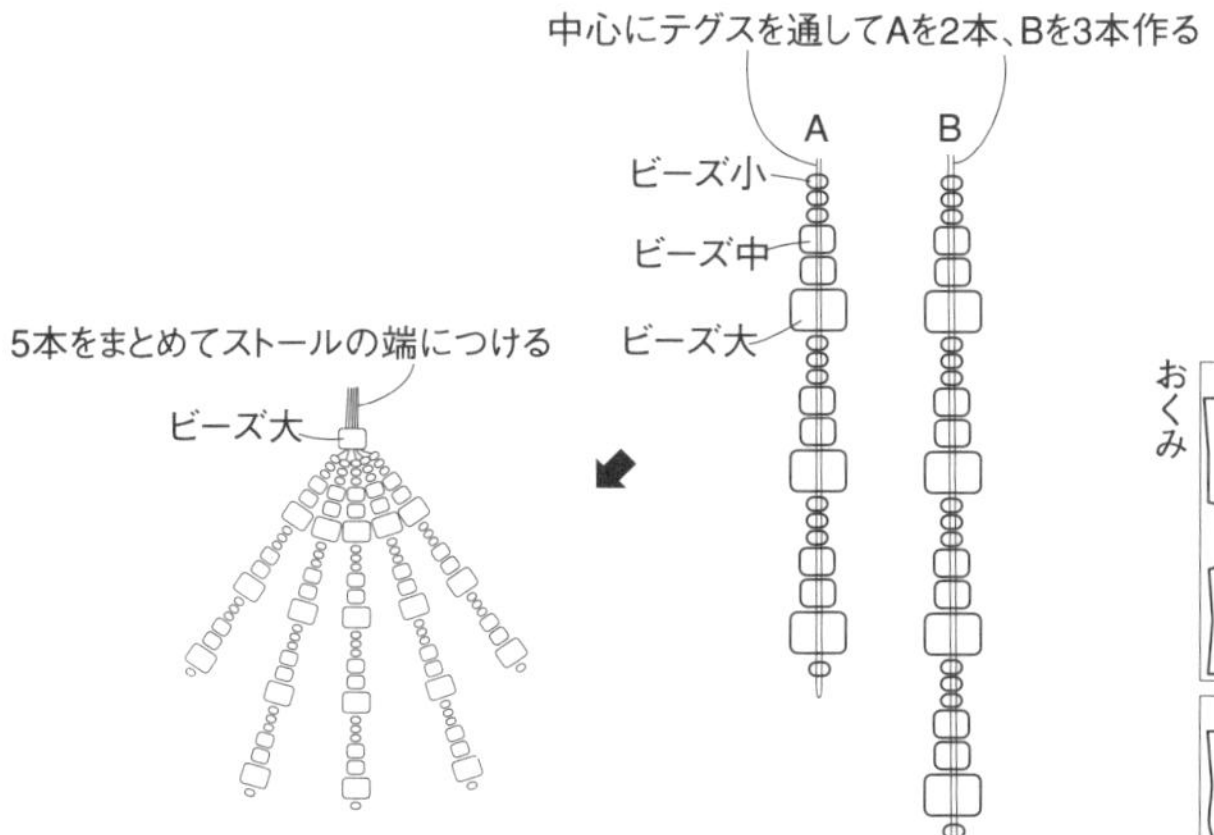

裁合せ図

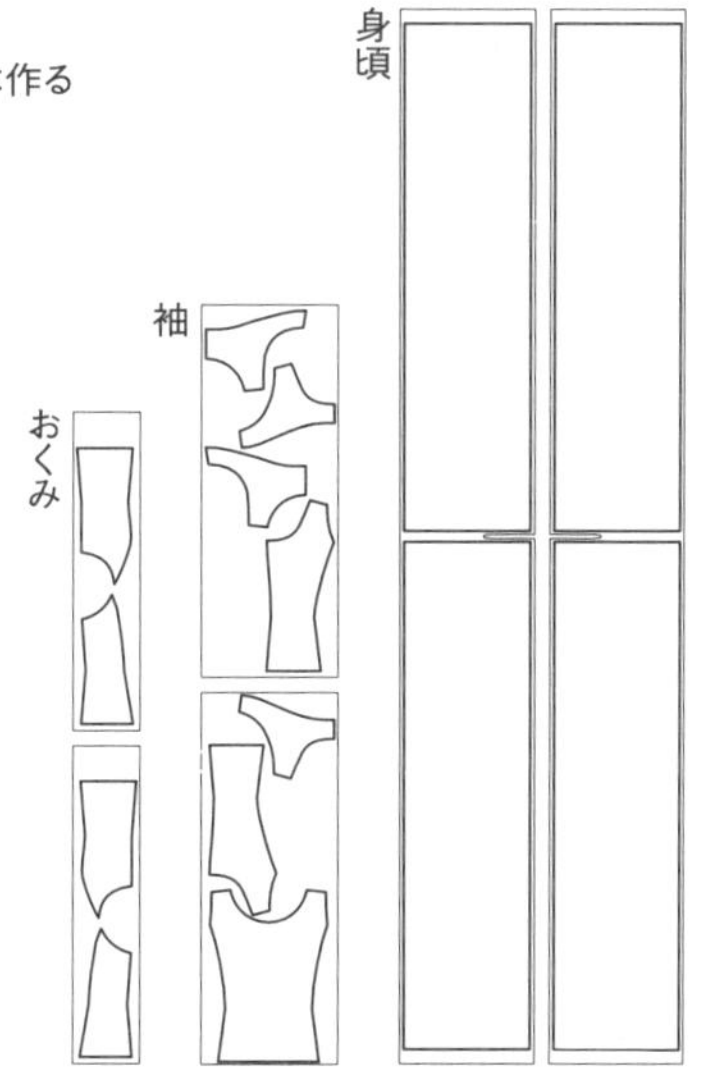

●表布以外の材料
接着芯九〇センチ幅三〇センチ。

●メモ
ストールはきものの身頃を長さいっぱいに使って仕立てています。また四隅にはビーズの房飾りをつけていますが、これはおもりとしての役目もあります。

ステッチ幅＝0.3

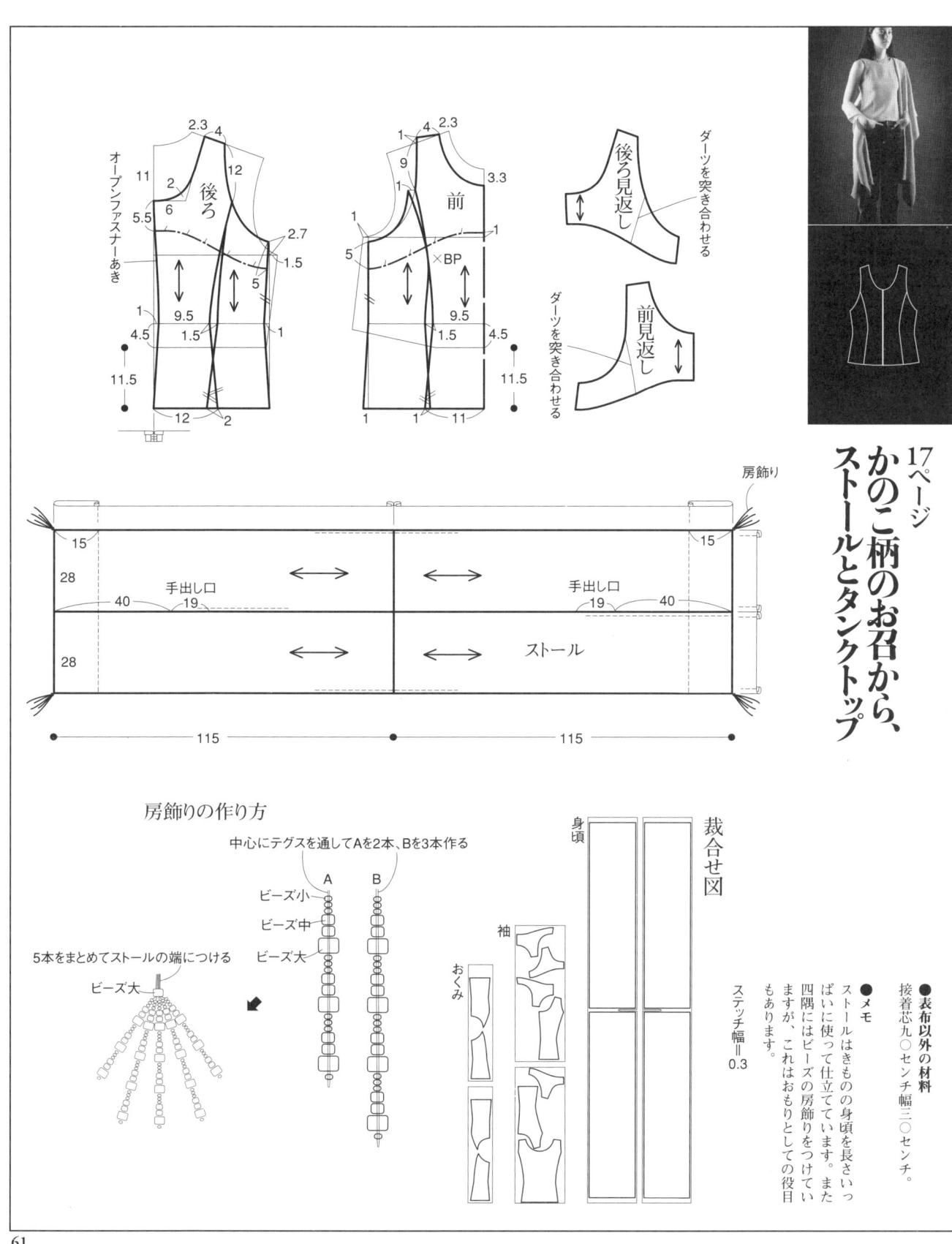

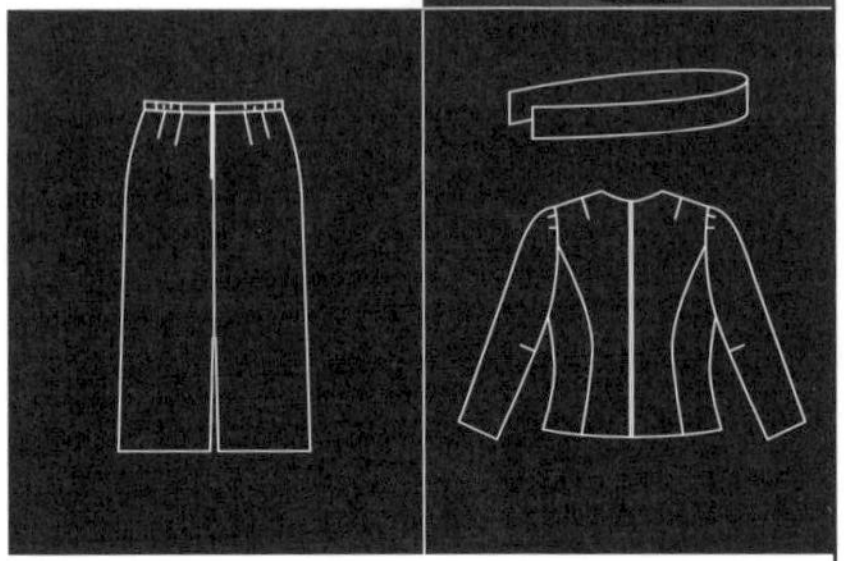

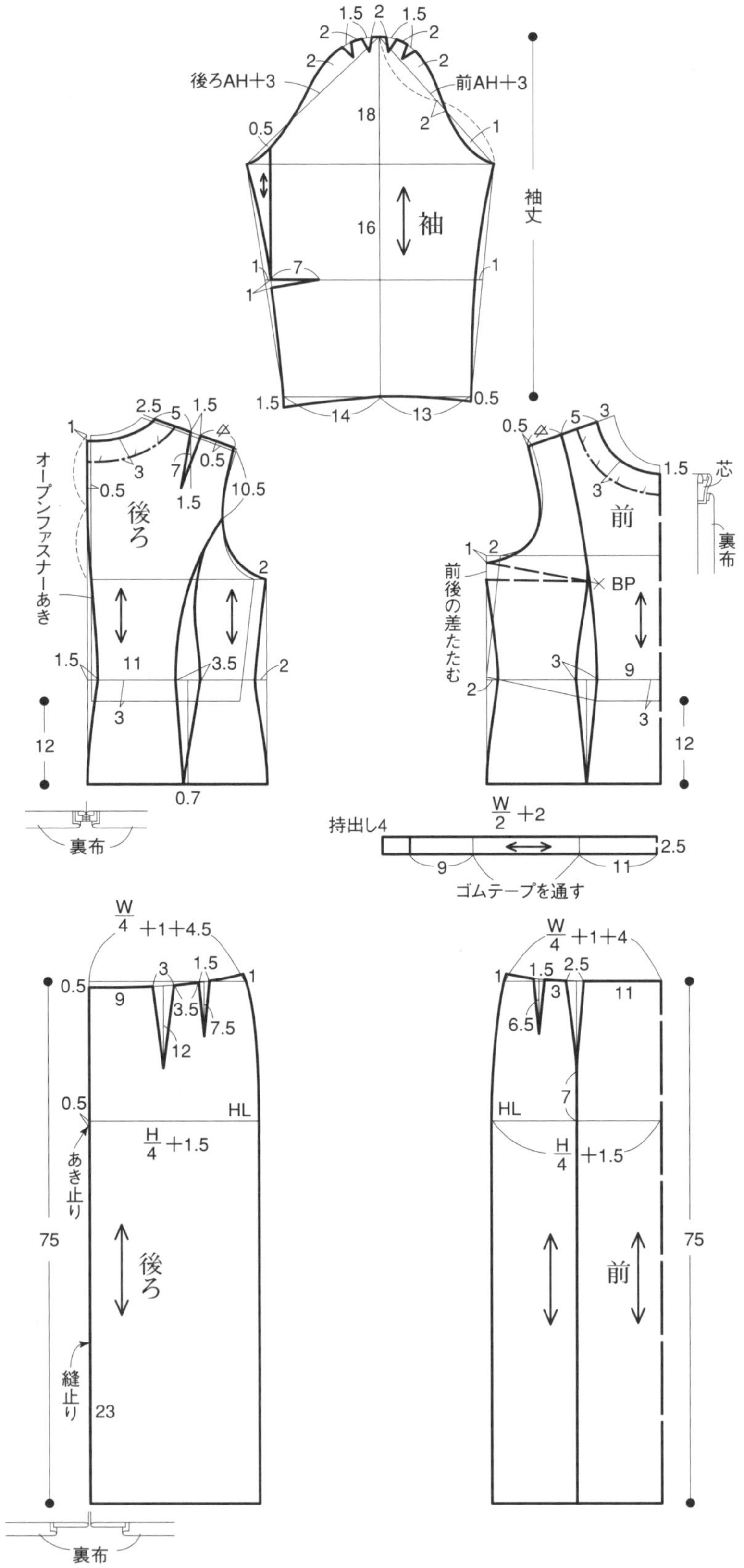

14ページ
ぼかしの色留袖から、ツーピース

●表布以外の材料
九〇センチ幅で裏布二メートル七〇センチ、接着芯一五センチ。

●メモ
スカートのベルトは両脇にゴムテープを通しています。ゴムテープはベルト芯にミシンで縫いつけ、ウエスト寸法になるように長さを調節して、ベルト芯をベルト布に止めつけて仕立てます。

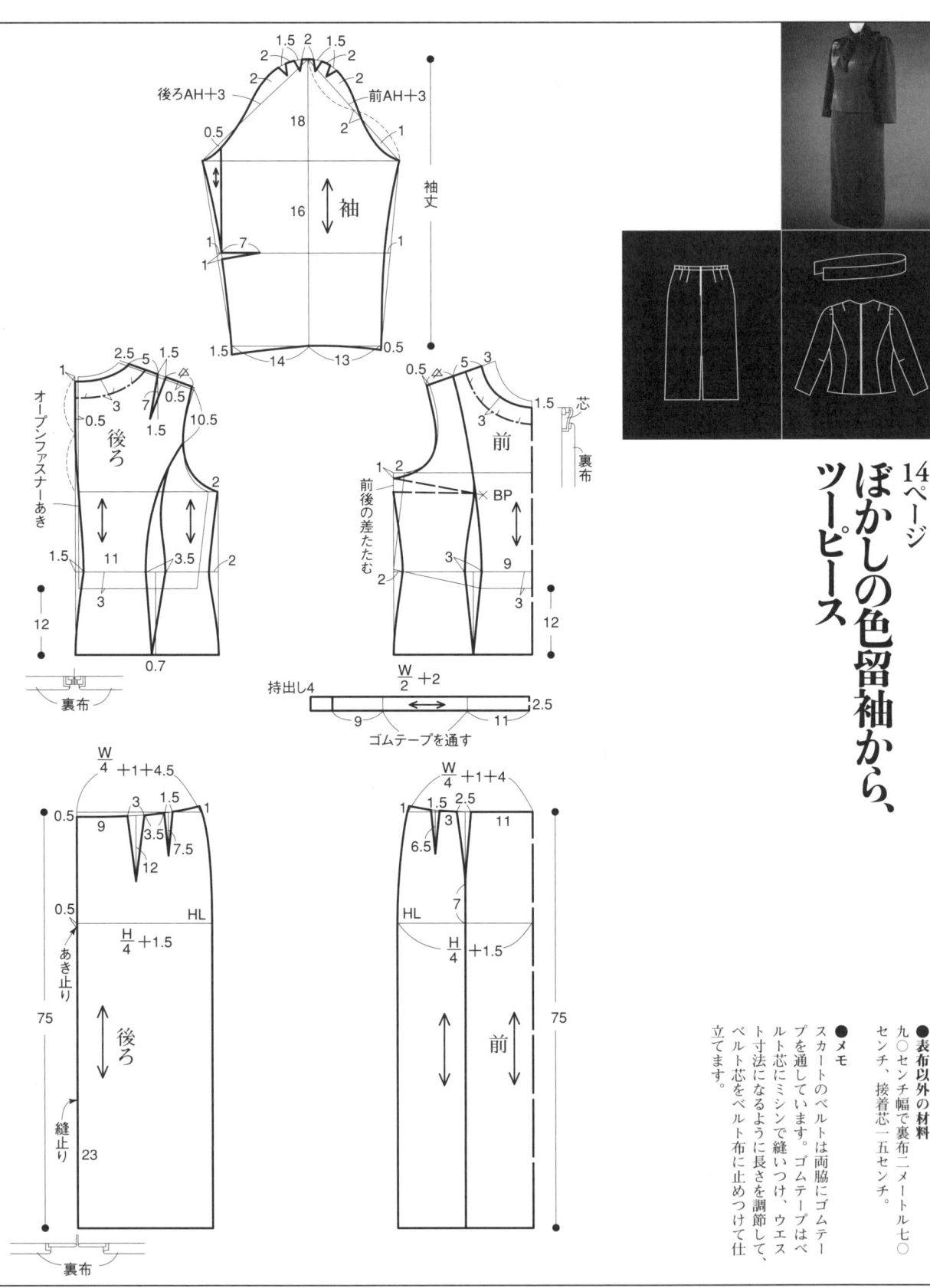

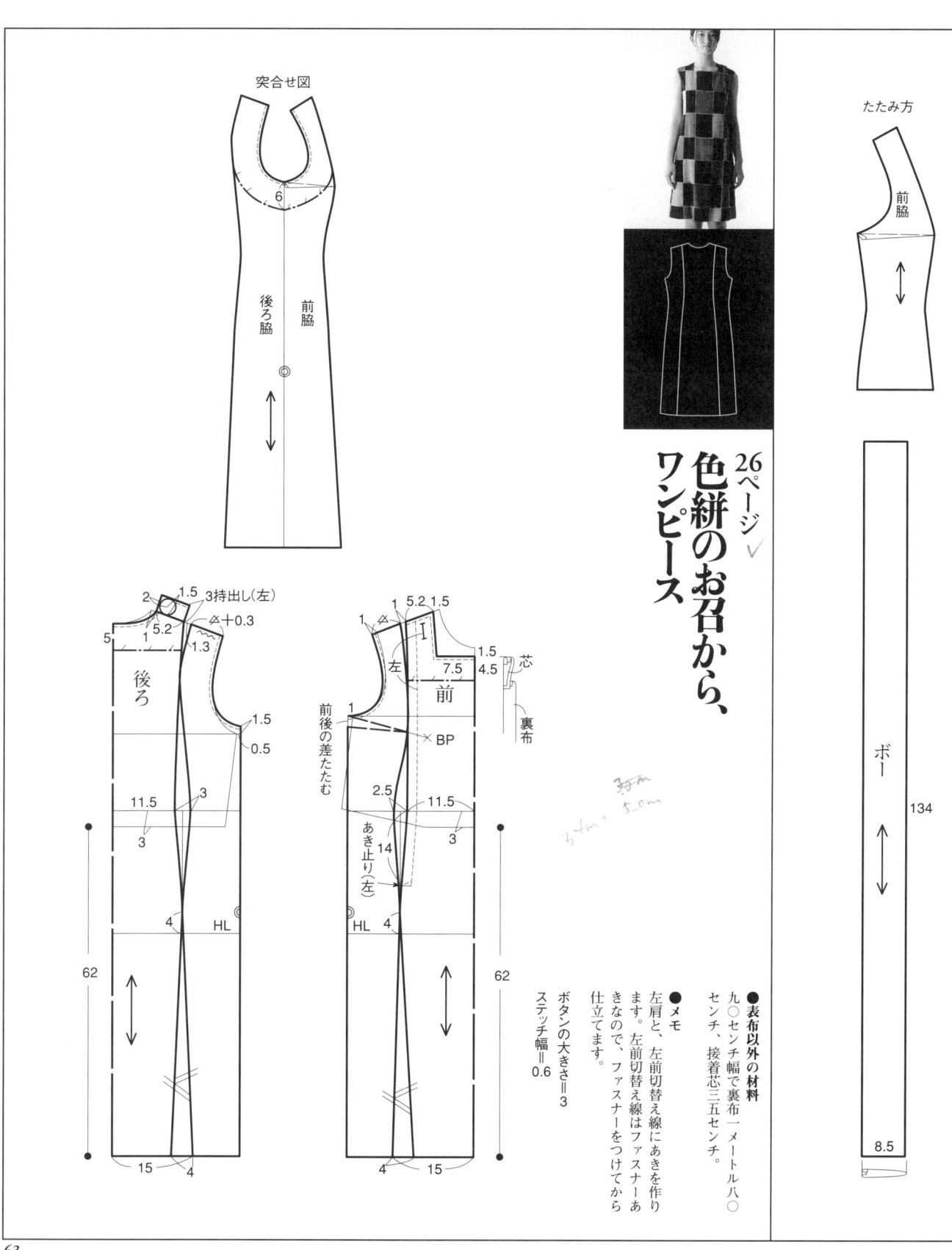

26ページ
色絣のお召から、ワンピース

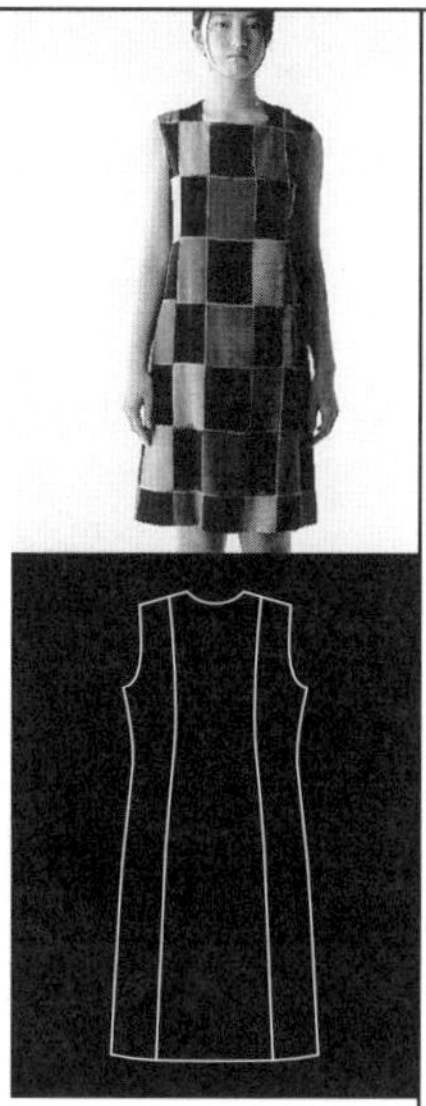

●表布以外の材料
九〇センチ幅で裏布一メートル八〇センチ、接着芯三五センチ。

●メモ
左肩と、左前切替え線にあきを作ります。左前切替え線はファスナーあきなので、ファスナーをつけてから仕立てます。

ボタンの大きさ＝3
ステッチ幅＝0.6

突合せ図

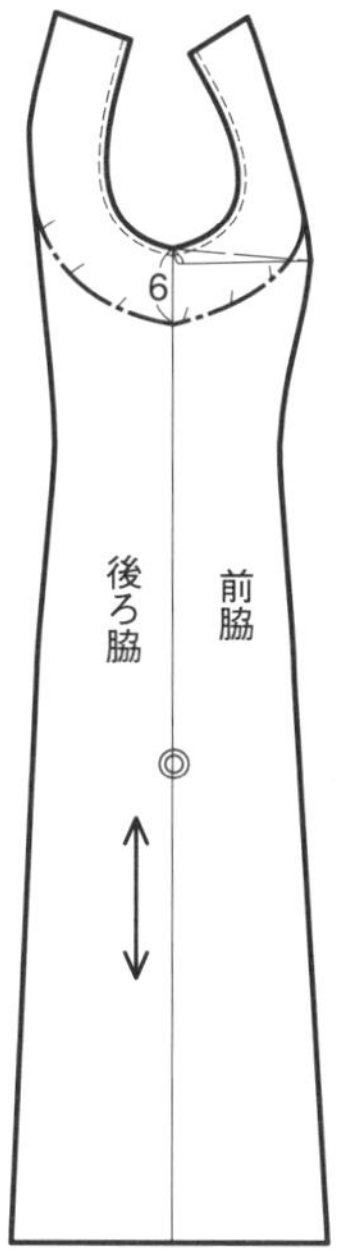
6
後ろ脇
前脇

たたみ方

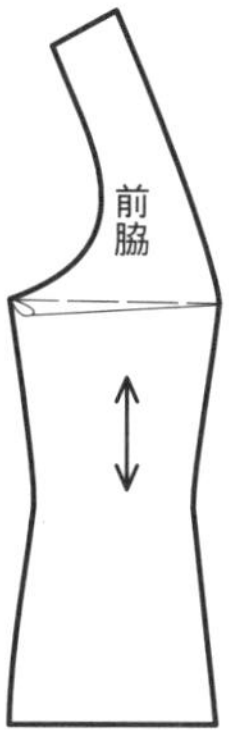
前脇

ボー
134
8.5

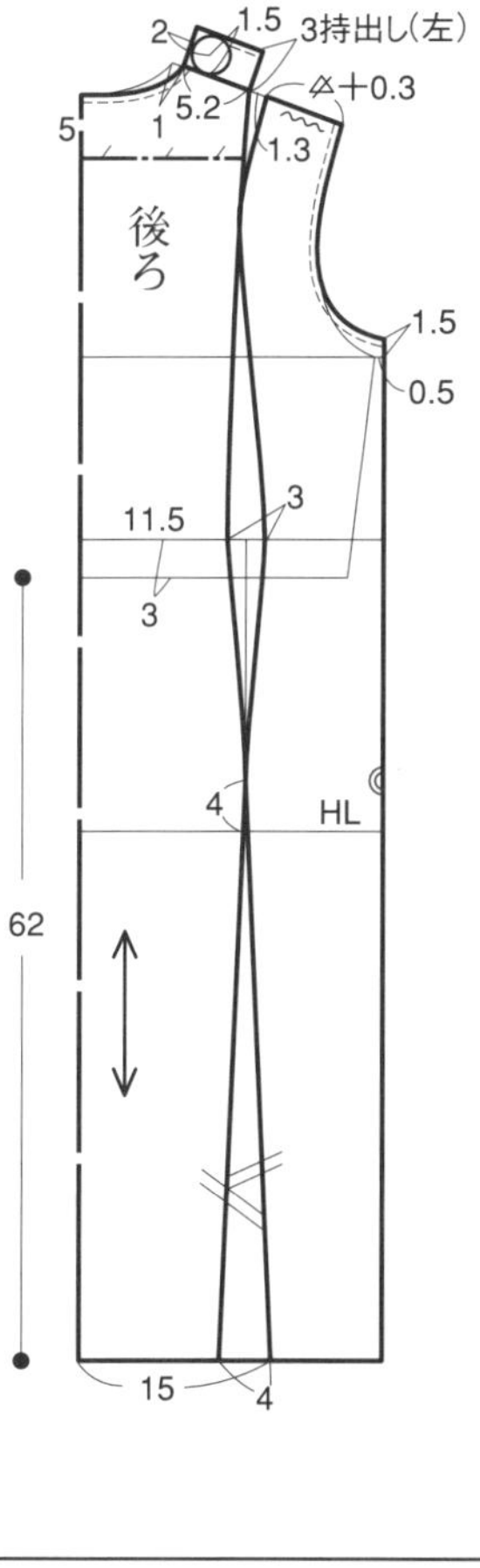
2
1.5
3持出し(左)
5.2
1
5
1.3
後ろ
1.5
0.5
11.5
3
3
4
HL
62
15
4

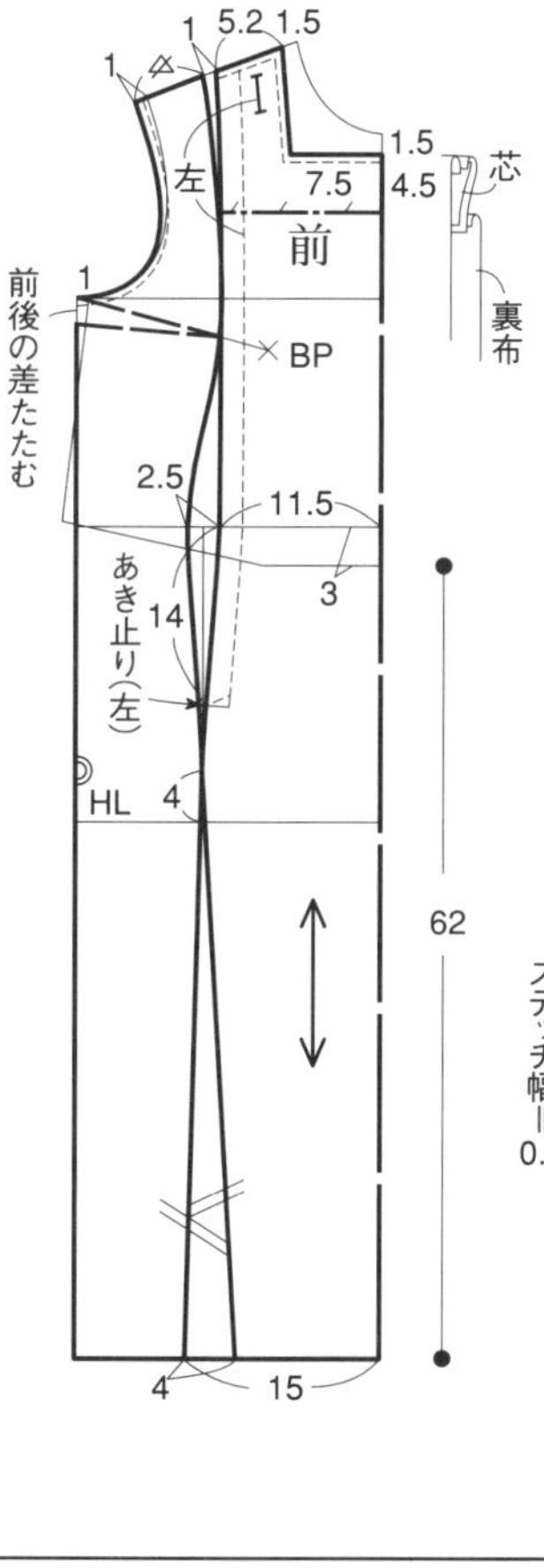
1
5.2
1.5
1.5
4.5
芯
左
7.5
前
前後の差たたむ
1
BP
裏布
2.5
11.5
3
あき止り(左)
14
HL
4
62
4
15

16ページ
ばらのおしゃれ着から、ストール

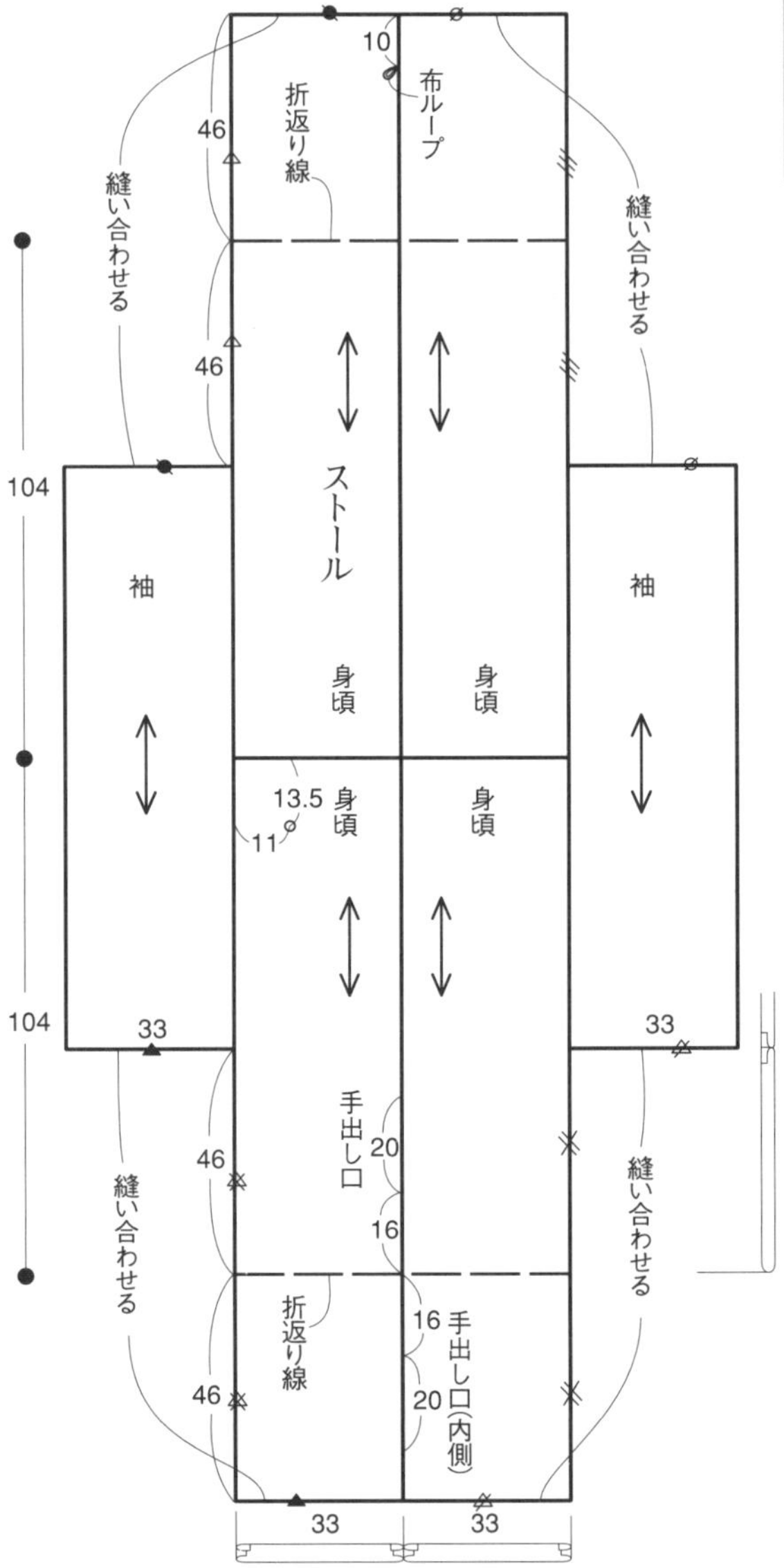

10
布ループ
折返り線
46
縫い合わせる
46
104
ストール
袖
身頃
袖
身頃
13.5
身頃
身頃
11
104
33
33
手出し口
20
16
46
縫い合わせる
縫い合わせる
折返り線
16
手出し口(内側)
20
46
33
33

●メモ
きものの身頃、袖を長さいっぱいに使って仕立てています。始めに身頃、袖とも中心になる長い辺を縫い合わせます。このとき、身頃側は手出し口を縫い残します。次に身頃と袖の同じ印のついた短い辺を縫い、折返り線を折って、残った身頃と袖の長い辺を縫います。最後に縫い残した手出し口から表に返し、手出し口をまつります。

ボタンの大きさ＝2

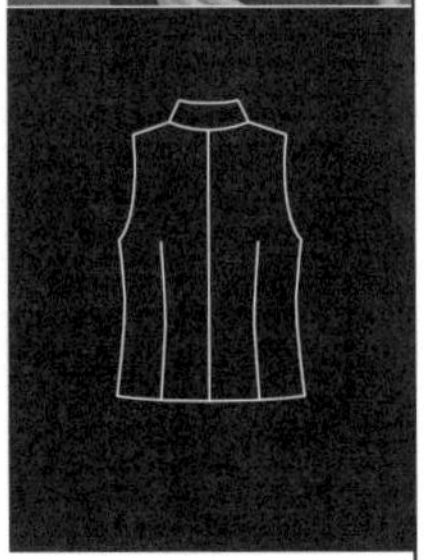

48ページ
麻のきものから、シャツ

裁合せ図

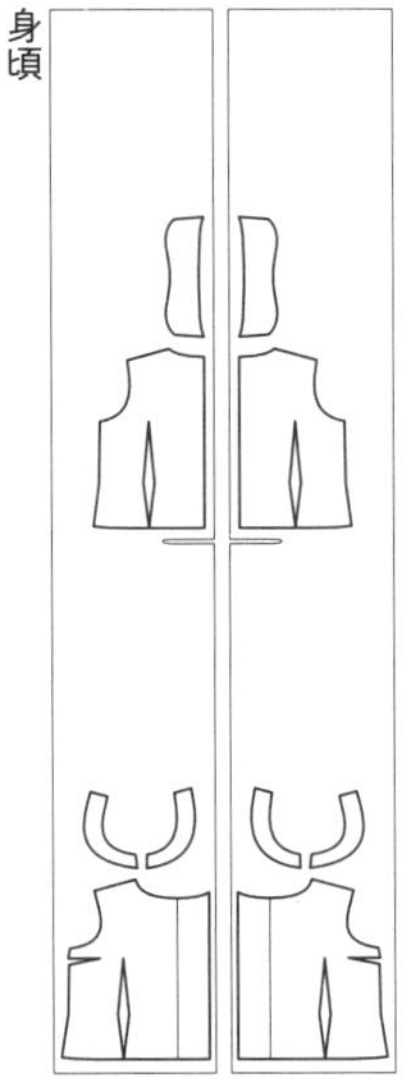

身頃

●表布以外の材料
接着芯九〇センチ幅五五センチ。

●メモ
前見返し、前後袖ぐり見返し、裏衿に接着芯をはっています。接着芯は裁断した後、縫う前にはりますが、袖ぐり見返し、衿の芯は少し大きめに粗裁ちし、表布にはってから余分な部分を切り落とします。表布に余裕がある場合は、袖ぐり見返しも粗裁ちしておいて、芯をはってからパターンを置いて裁断し直すと、きれいに仕上がります。

ボタンの大きさ＝1.1
ステッチ幅＝0.2
1

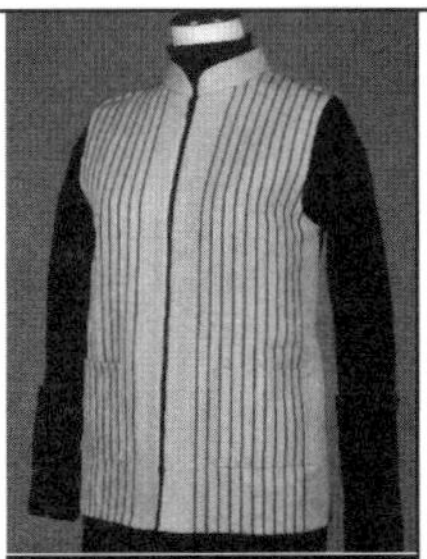

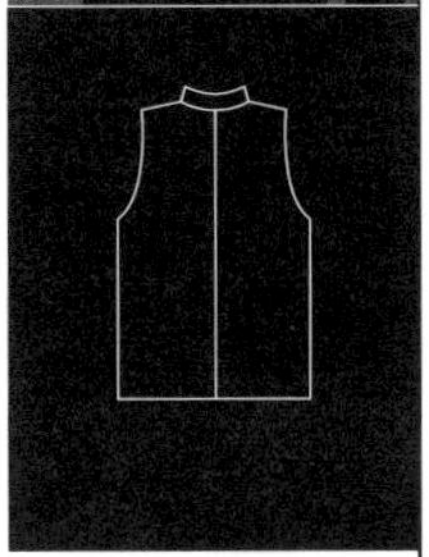

33ページ 縞のひとえ帯から、ベスト

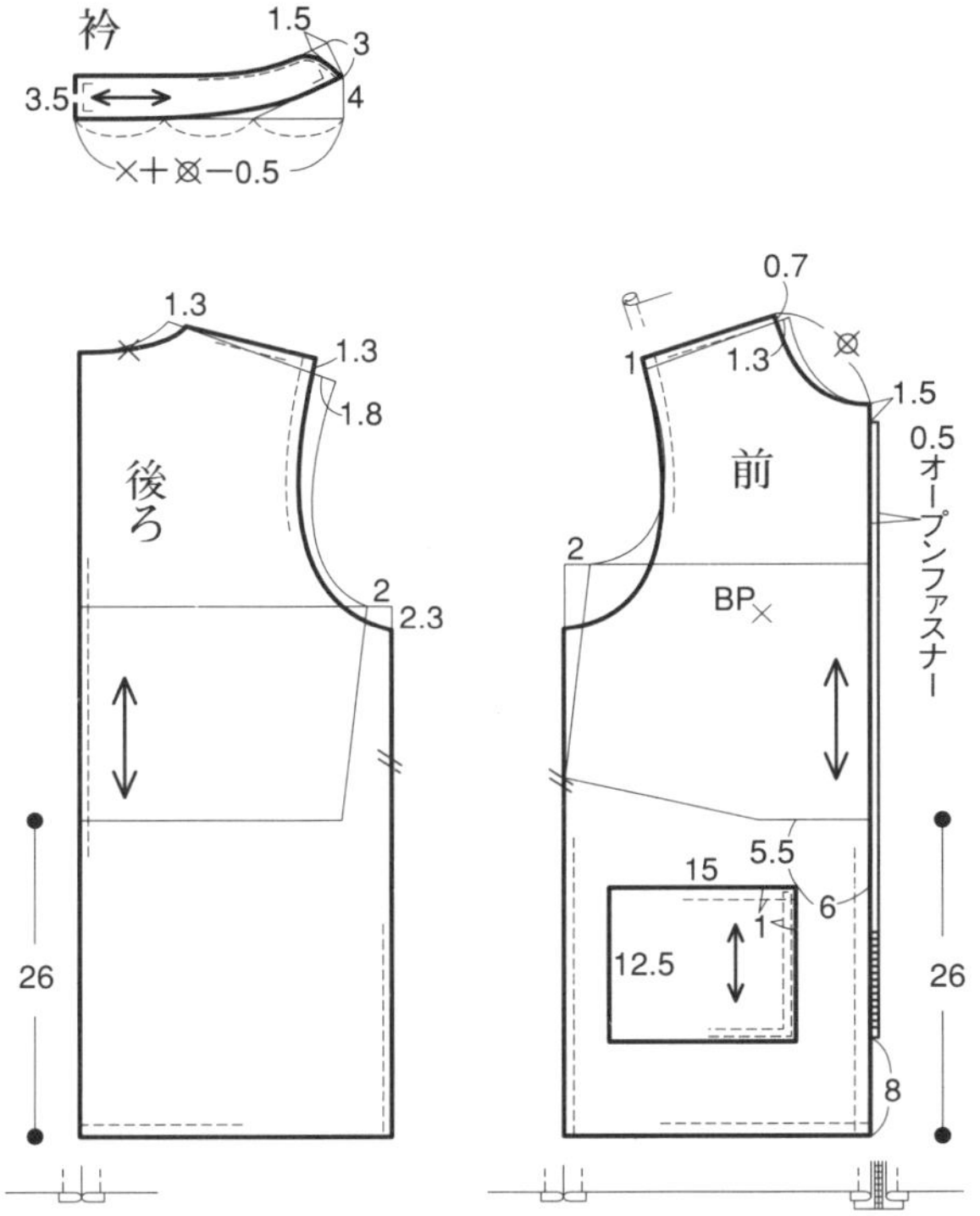
衿
1.5
3
3.5
4
×＋⊗−0.5
1.3
1.3
1.8
後ろ
2
2.3
26
0.7
⊗
1
1.3
1.5
0.5
オープンファスナー
前
2
BP
5.5
15
6
1
12.5
26
8

●メモ
前あきはオープンファスナーが見えるように仕立てています。肩、脇の縫い代は、アイロンで割った後ミシンで端を押さえます。裾、袖ぐりは三つ折りミシンで始末していますが、袖ぐりなどのカーブがきつい部分は布地によっては三つ折りがきれいにできない場合があります。バイアステープを見返しのように使って始末してもいいでしょう。

ステッチ幅＝0.1 0.8 1.2

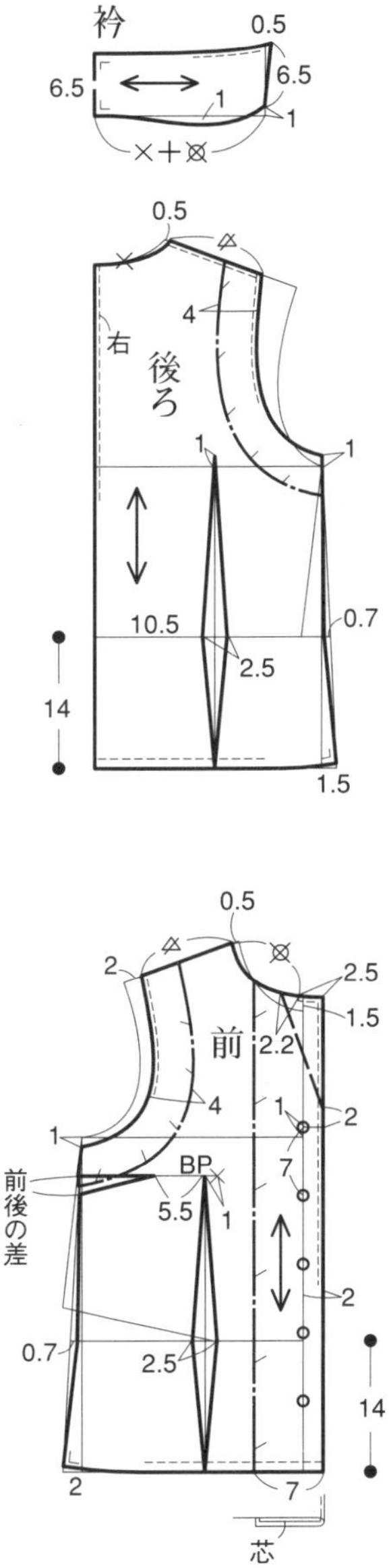
衿
0.5
6.5
6.5
1
1
×＋⊗
0.5
△
4
右
後ろ
1
1
10.5
0.7
2.5
14
1.5
0.5
2
△
⊗
2.5
1.5
前
2.2
4
1
2
1
BP
7
前後の差
5.5
1
2
0.7
2.5
14
2
7
芯

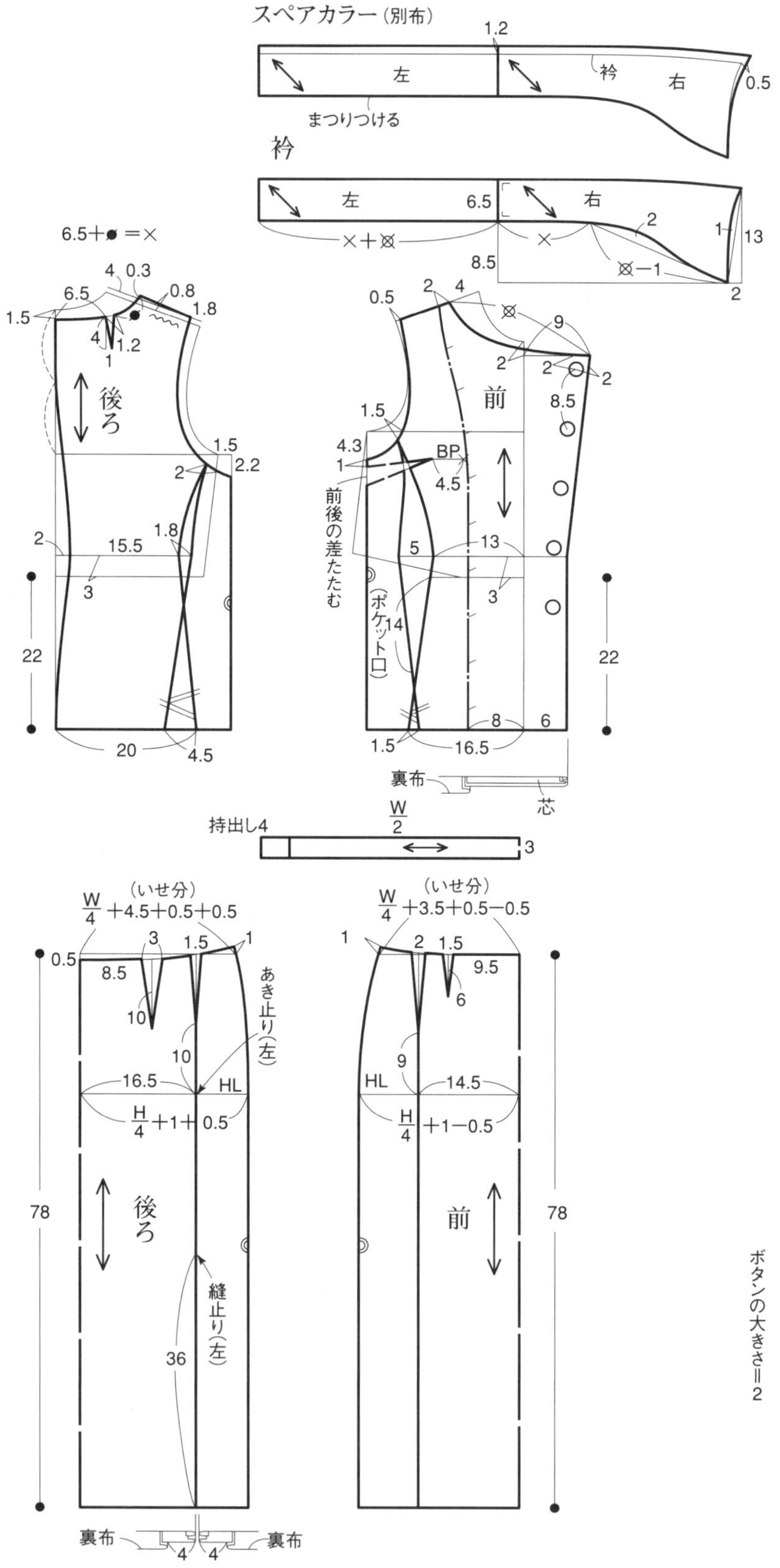

18ページ 紬のきものから、スーツ

●表布以外の材料
九〇センチ幅で別布七〇センチ、裏布二メートル七〇センチ、接着芯七五センチ。

●メモ
スペアカラー、スペアカフスは仕立ててから、それぞれ衿ぐり、袖口にまつりつけます。スカートは脇縫い目のないデザインです。あきは後ろスカートの左脇切替え線を利用して作ります。また、この切替え線には、裾さばきのためにスリットを作りますが、仮縫いをして、好みの長さに調節するといいでしょう。

ボタンの大きさ＝2

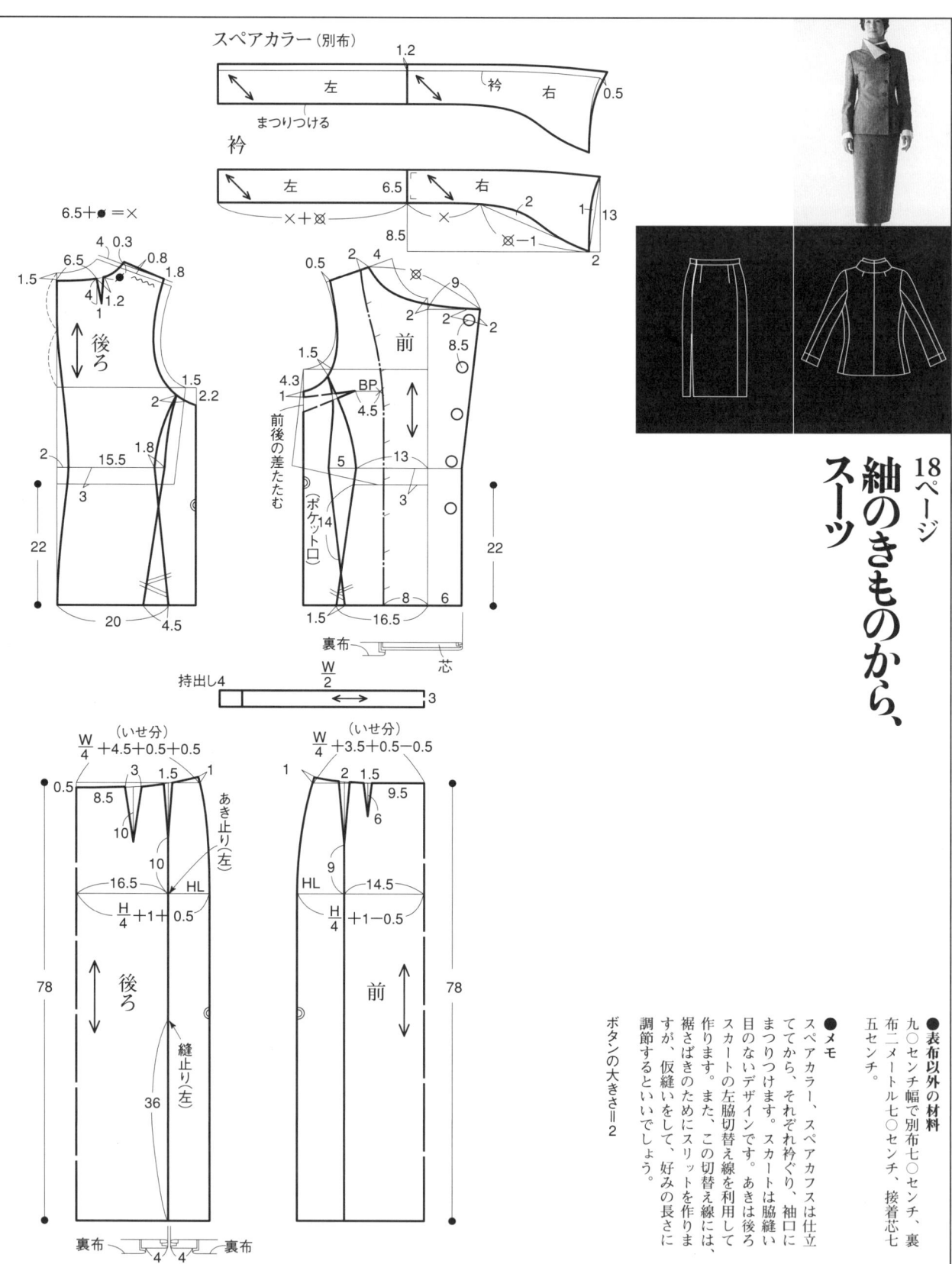

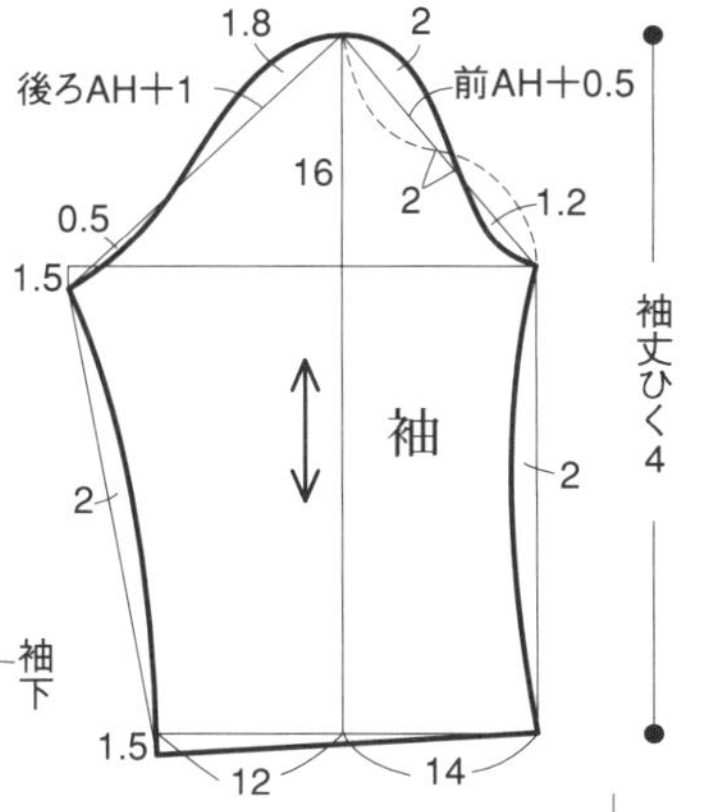
1.8
2
後ろAH＋1
前AH＋0.5
16
2
0.5
1.2
1.5
袖
2
2
袖丈ひく4
1.5
12
14

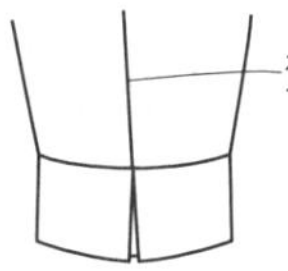
袖下

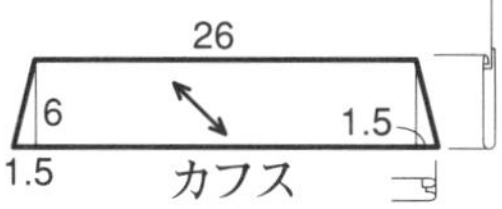
26
6
1.5
1.5
カフス

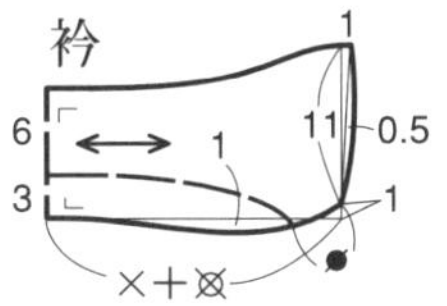
衿
1
6
11
0.5
1
3
1
×＋⊗

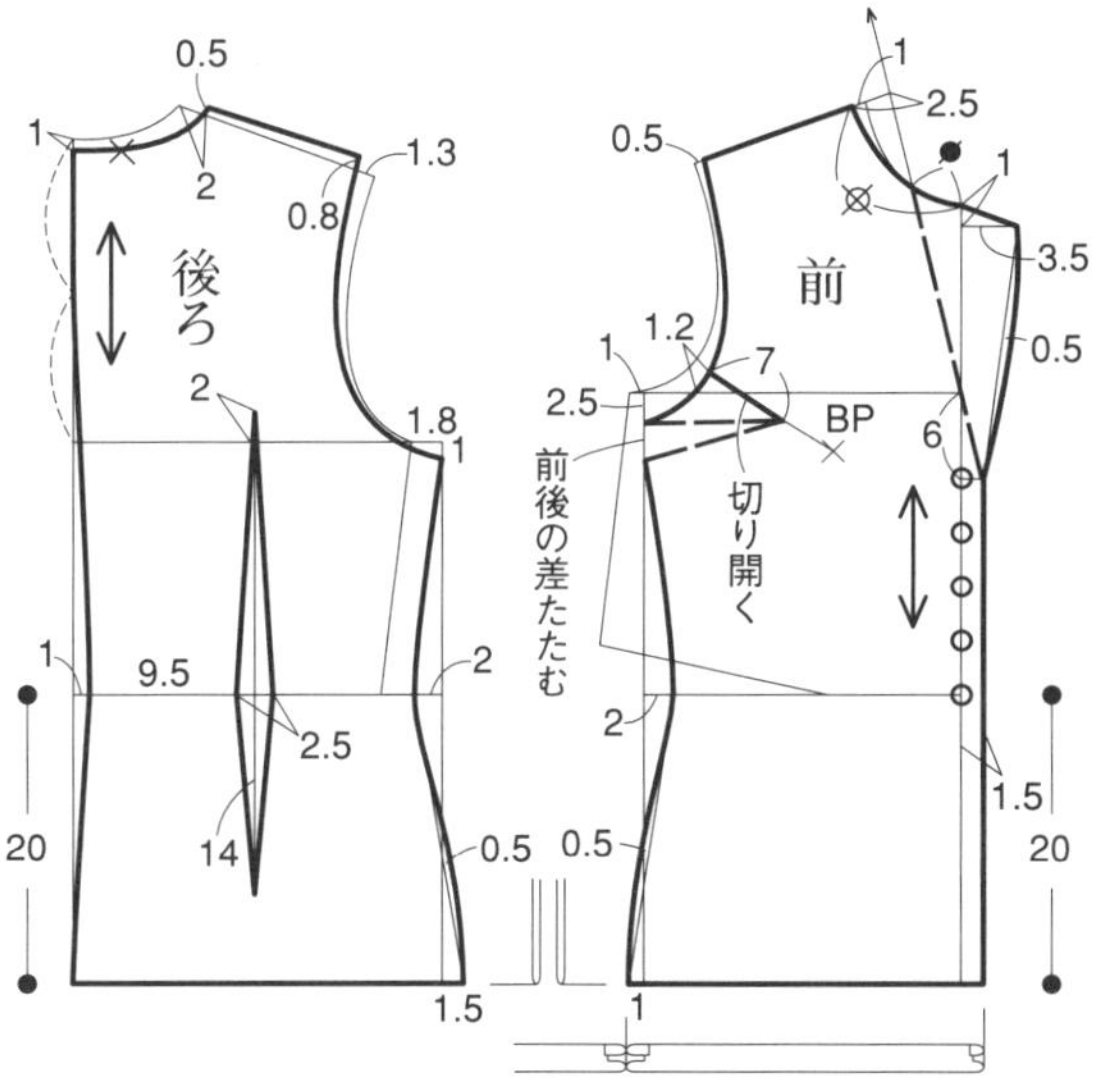
0.5
1
2
1.3
0.8
後ろ
2
1.8
1
1
9.5
2
2.5
14
20
0.5
1.5
1
2.5
0.5
1
2.5
3.5
前
0.5
1
1.2
7
2.5
BP
6
前後の差たたむ
切り開く
2
1.5
20
0.5
1

34ページ 絽の喪服から、シャツ

●メモ

身頃は二重仕立てですが、裾がわになっているため、どんでん返しで縫い返しています。まず前後それぞれのダーツを縫い、後ろ中心を縫います。表側身頃、裏側身頃の肩をそれぞれ縫い、脇を続けて縫います。次に、衿を作り、身頃を裾で中表に折って、表側身頃と裏側身頃の衿ぐりに衿をはさみ、前端から衿ぐりを続けて縫い、左右どちらかの袖ぐりから引き出して表に返します。この方法がどんでん返しです。最後に、仕立てておいた袖をつけます。袖ぐり縫い代はバイアステープでくるんで始末します。

ボタンの大きさ＝1.3

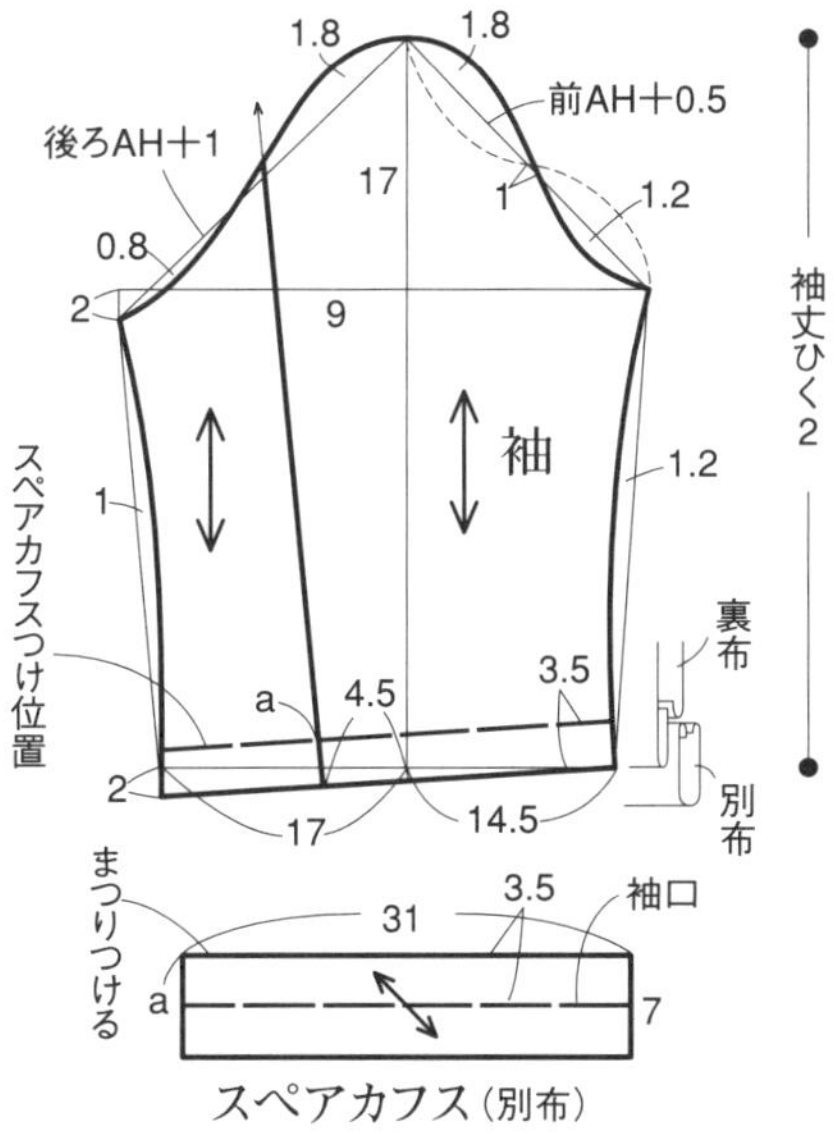
1.8
1.8
後ろAH＋1
前AH＋0.5
17
1
1.2
0.8
2
9
袖
袖丈ひく2
スペアカフスつけ位置
1
1.2
裏布
a
4.5
3.5
2
17
14.5
別布
まつりつける
31
3.5
袖口
a
7
スペアカフス（別布）

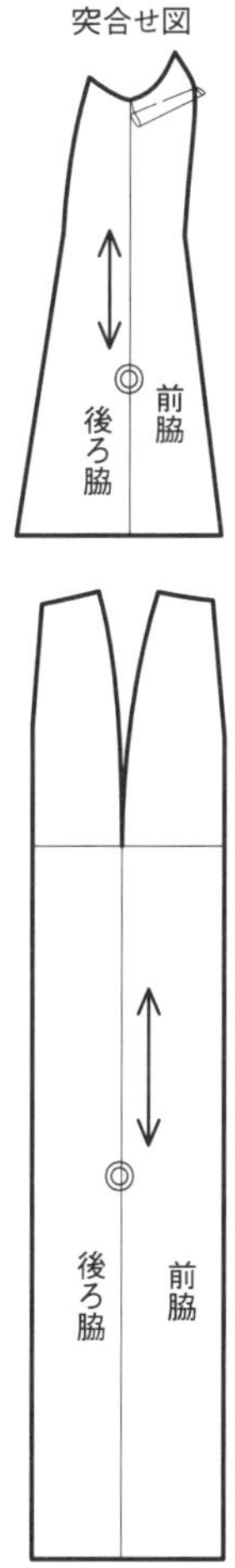
突合せ図
前脇
後ろ脇
後ろ脇
前脇

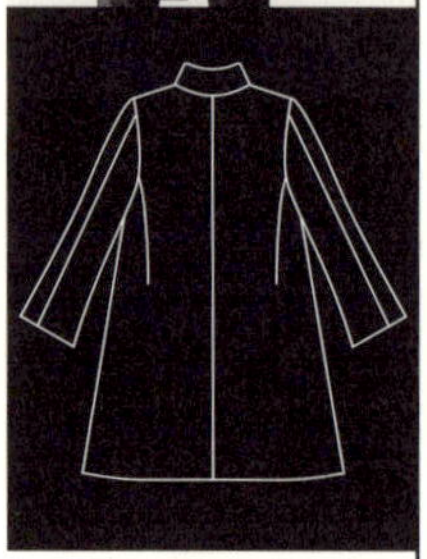

22ページ
紬の羽織から、ショートコート

●表布以外の材料
九〇センチ幅で裏布二メートル五〇センチ、接着芯二メートル八〇センチ。

●メモ
前身頃の箱ポケットは切替え線を縫ってから作ります。袋布は二枚とも表布で作っていますが、布が厚い場合や、布が足りない場合などは、スレキや裏布を使用します。身頃、袖とも接着芯をはって仕立てます。

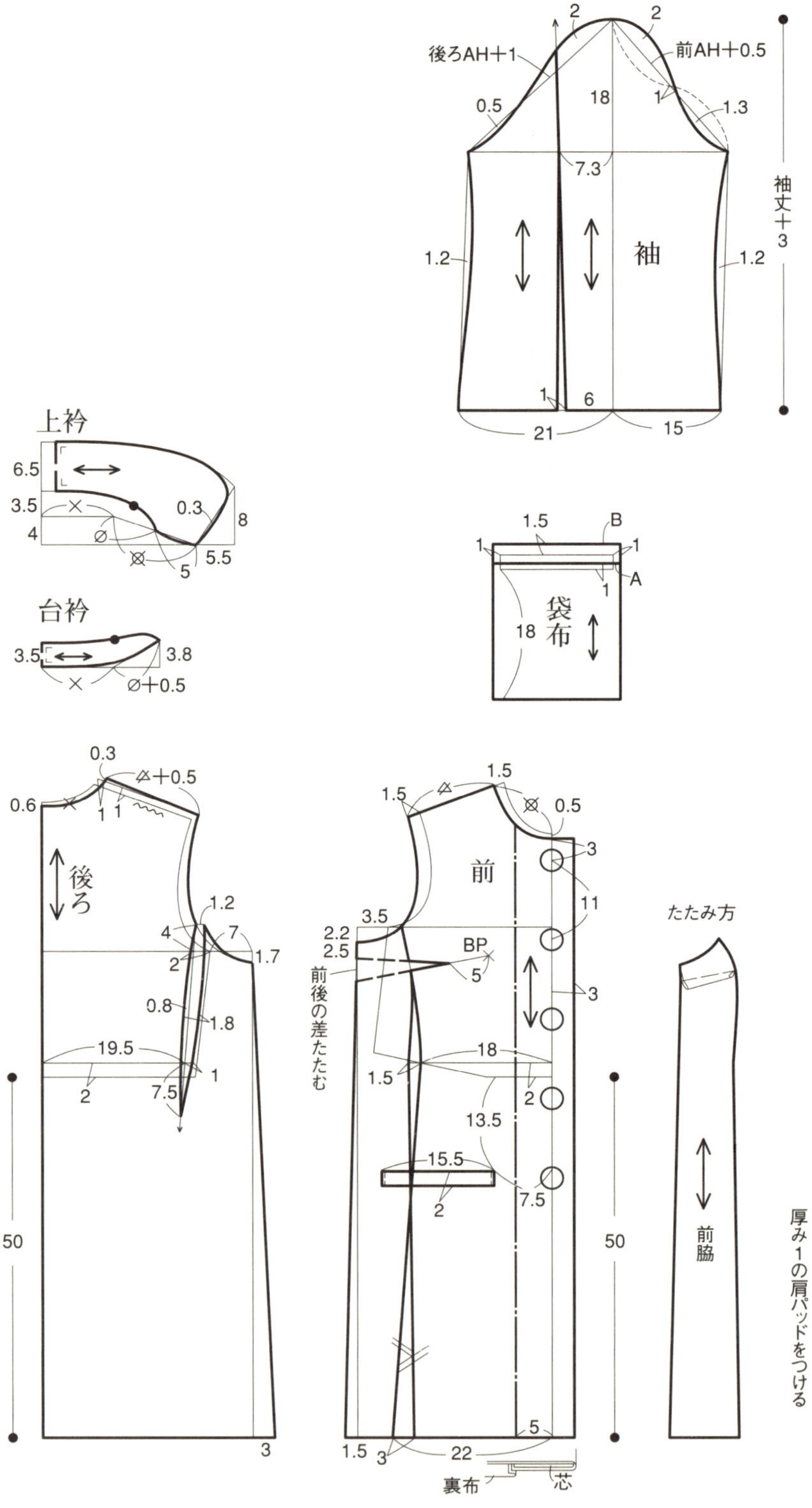

後ろAH＋1
前AH＋0.5
袖
袖丈＋3
7.3
18
0.5
1.3
1.2
21
15
6
上衿
6.5
3.5
4
0.3
8
5.5
5
台衿
3.5
3.8
⌀＋0.5
袋布
1.5
B
A
18
後ろ
前
0.3
△＋0.5
0.6
1.2
1.7
0.8
1.8
19.5
7.5
50
3
1.5
⊗ 0.5
11
3.5
2.2
2.5
BP
前後の差たたむ
18
13.5
15.5
7.5
22
裏布
芯
たたみ方
前脇

ボタンの大きさ＝3
厚み1の肩パッドをつける

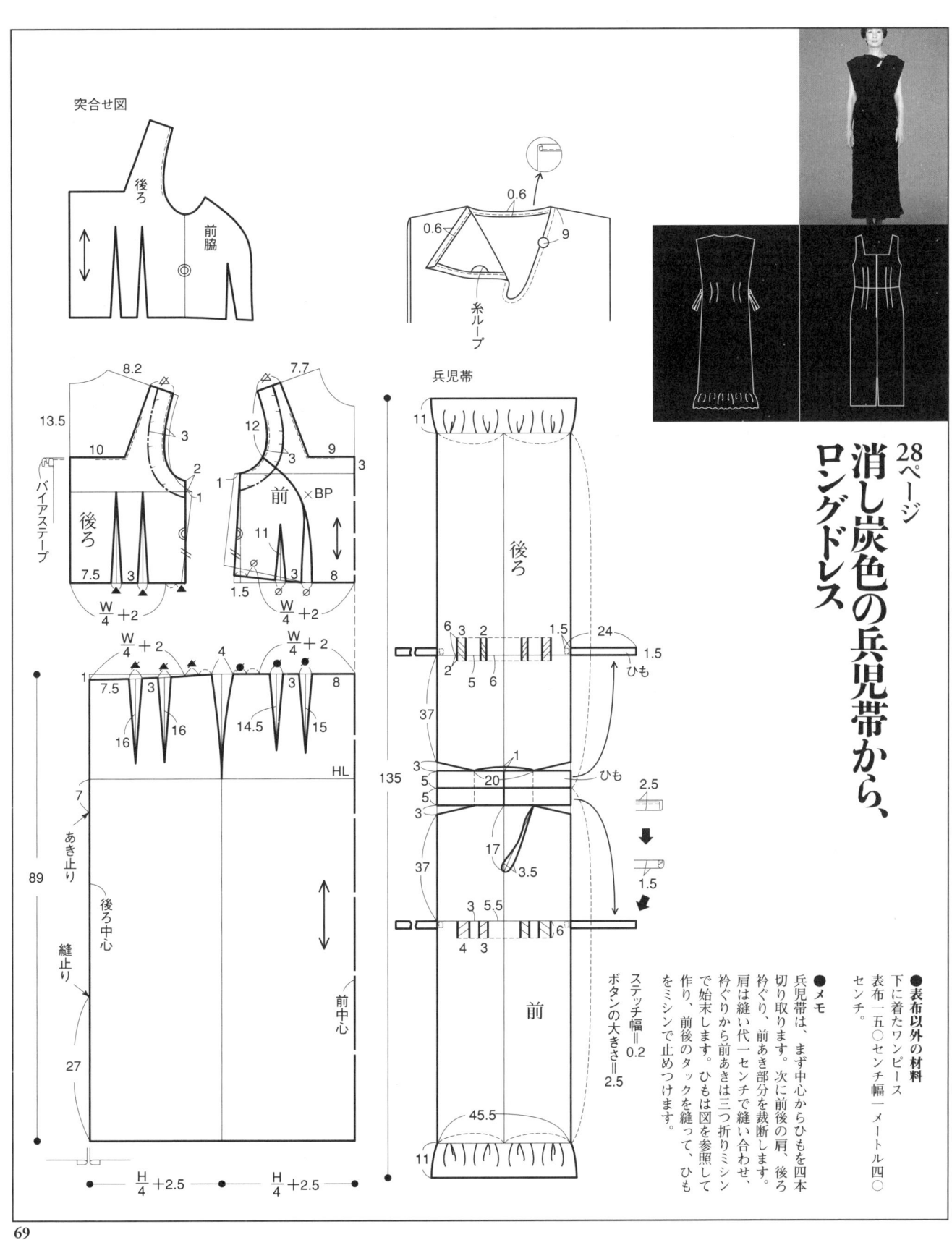

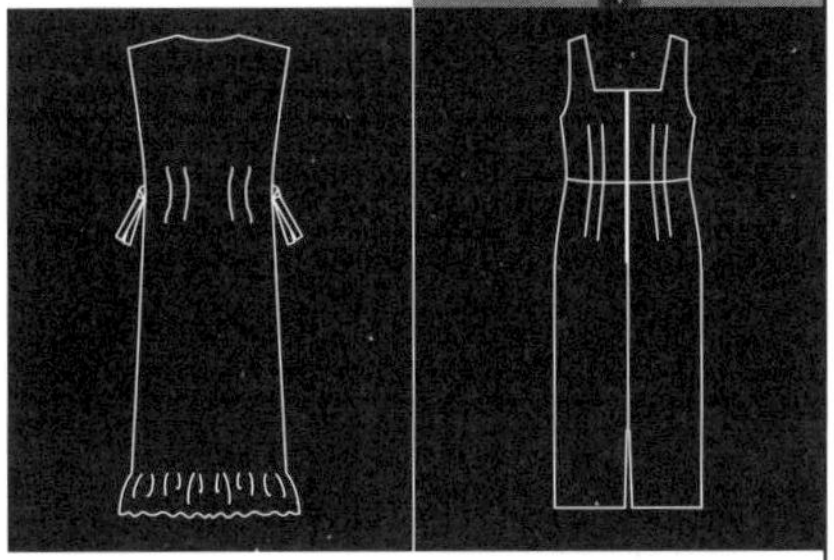

28ページ
消し炭色の兵児帯から、ロングドレス

●**表布以外の材料**
下に着たワンピース
表布一五〇センチ幅一メートル四〇センチ。

●**メモ**
兵児帯は、まず中心からひもを四本切り取ります。次に前後の肩、後ろ衿ぐり、前あき部分を裁断します。肩は縫い代一センチで縫い合わせ、衿ぐりから前あきは三つ折りミシンで始末します。ひもは図を参照して作り、前後のタックを縫って、ひもをミシンで止めつけます。

突合せ図

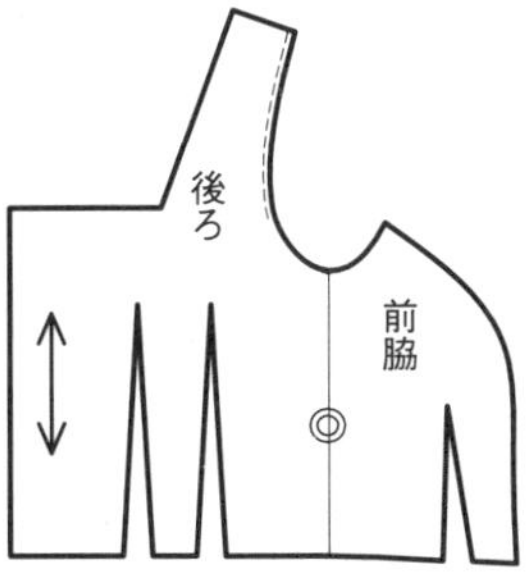

後ろ
前脇

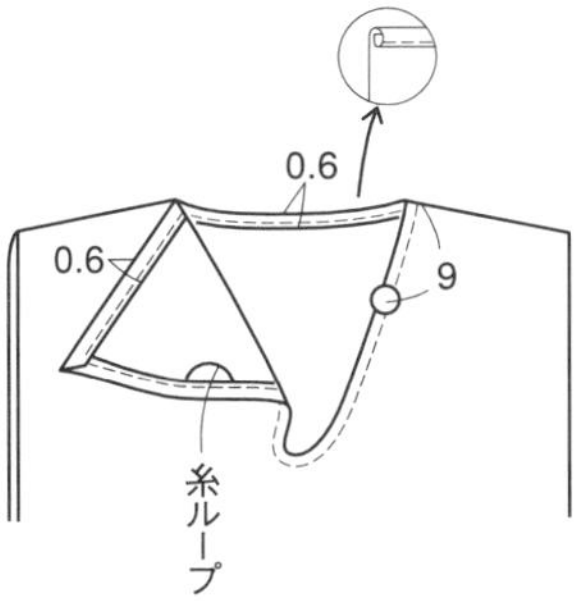

0.6
0.6
9
糸ループ

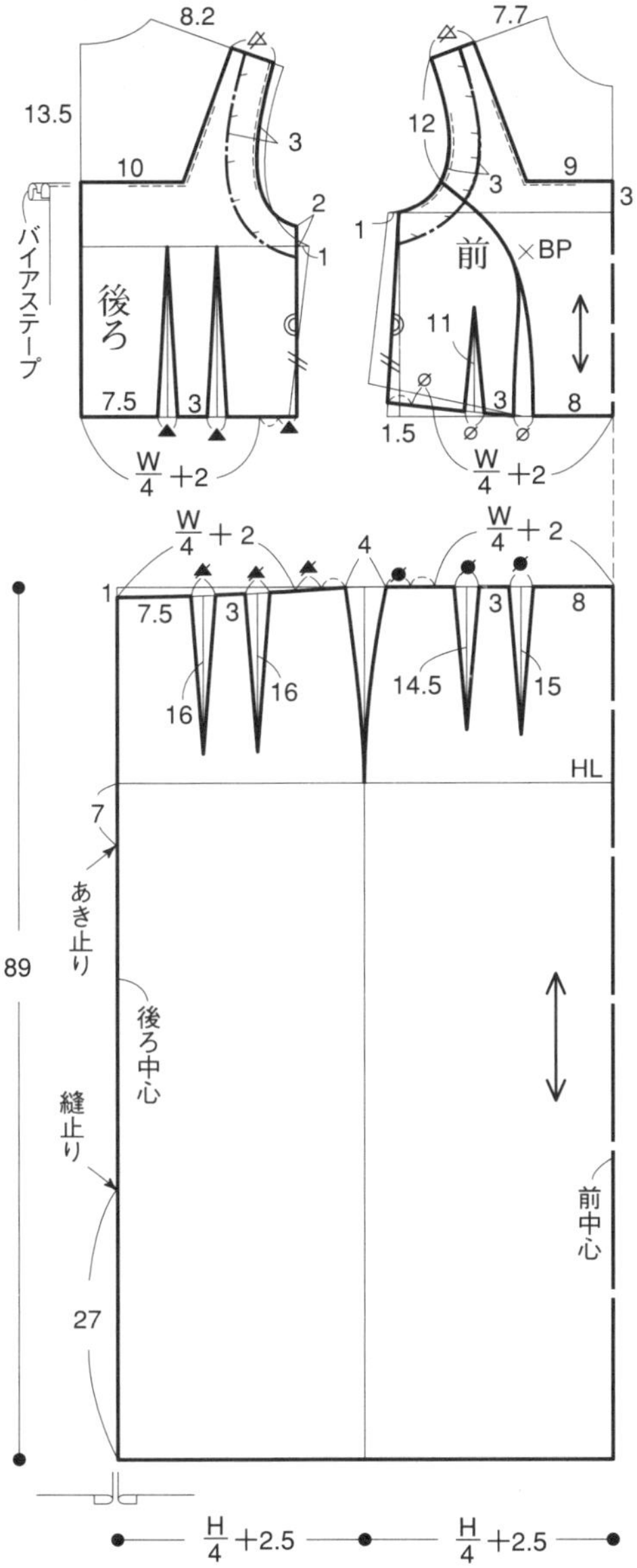

8.2
13.5
10
3
2
1
バイアステープ
後ろ
7.5
3
W/4 +2
7.7
12
3
9
3
1
前
×BP
11
8
1.5
W/4 +2
4
1
7.5
3
16
16
14.5
3
15
8
HL
7
あき止り
89
後ろ中心
縫止り
前中心
27
H/4 +2.5
H/4 +2.5

兵児帯

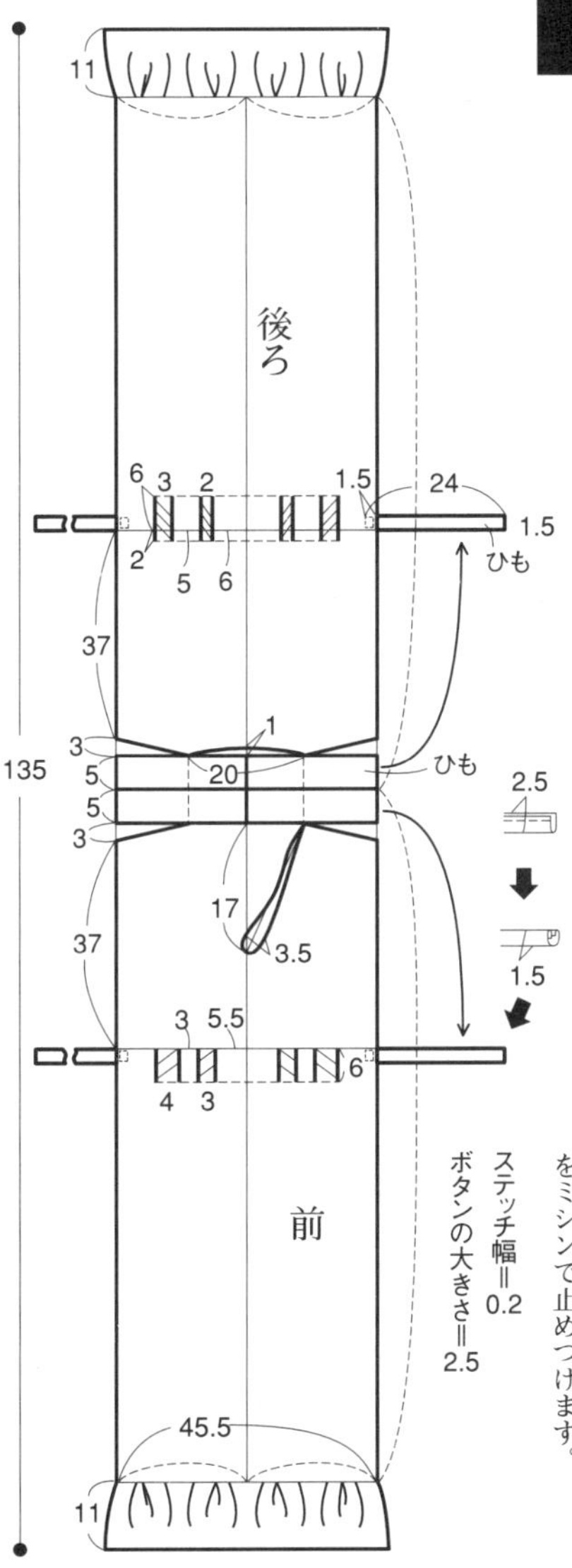

11
後ろ
6
3
2
1.5
24
1.5
2
5
6
ひも
37
135
3
5
20
5
3
ひも
2.5
17
3.5
1.5
37
3
5.5
4
3
6
前
45.5
11
ステッチ幅＝0.2
ボタンの大きさ＝2.5

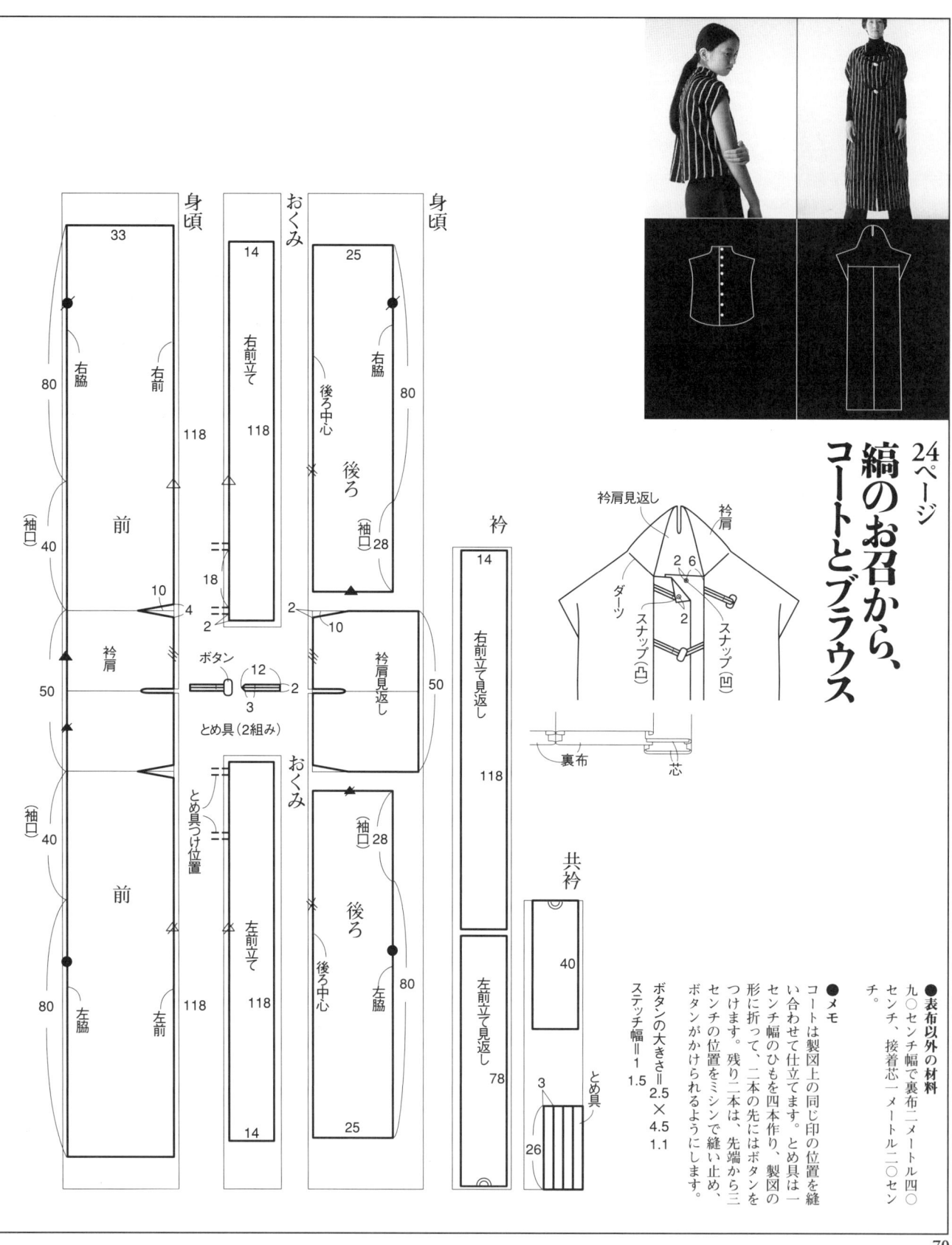

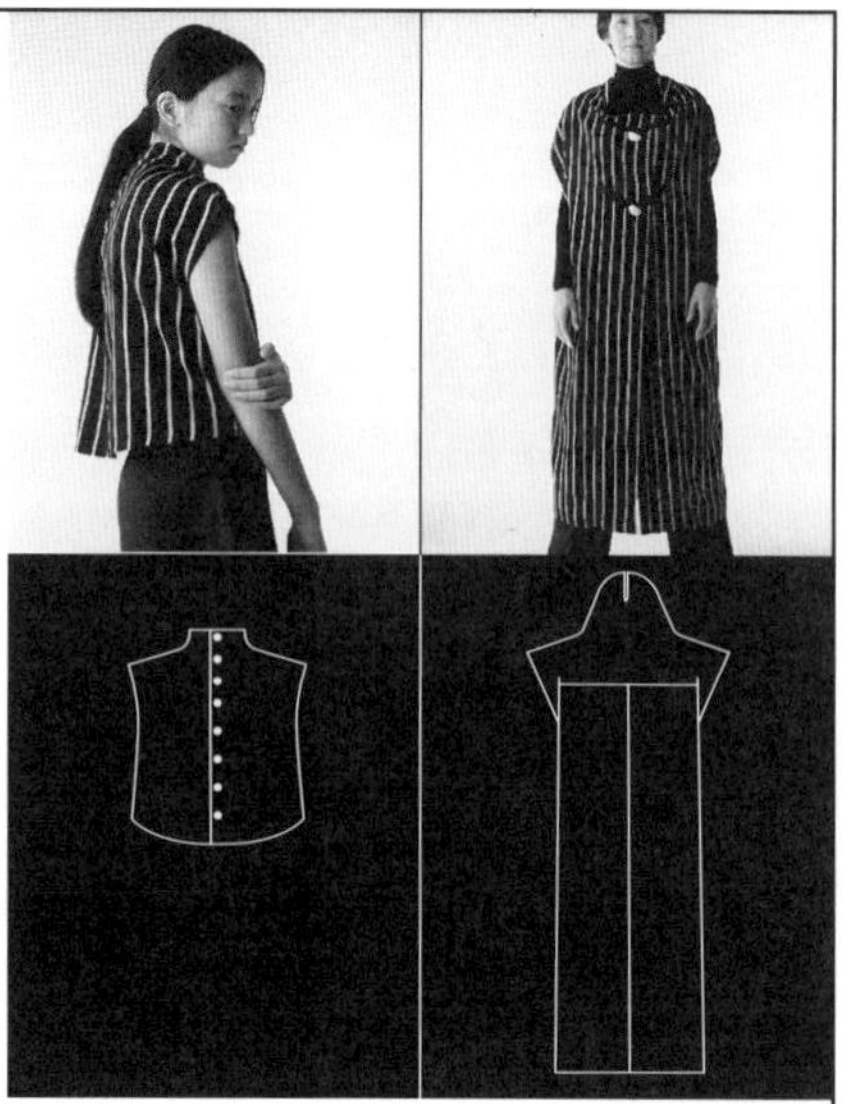

24ページ
縞のお召から、コートとブラウス

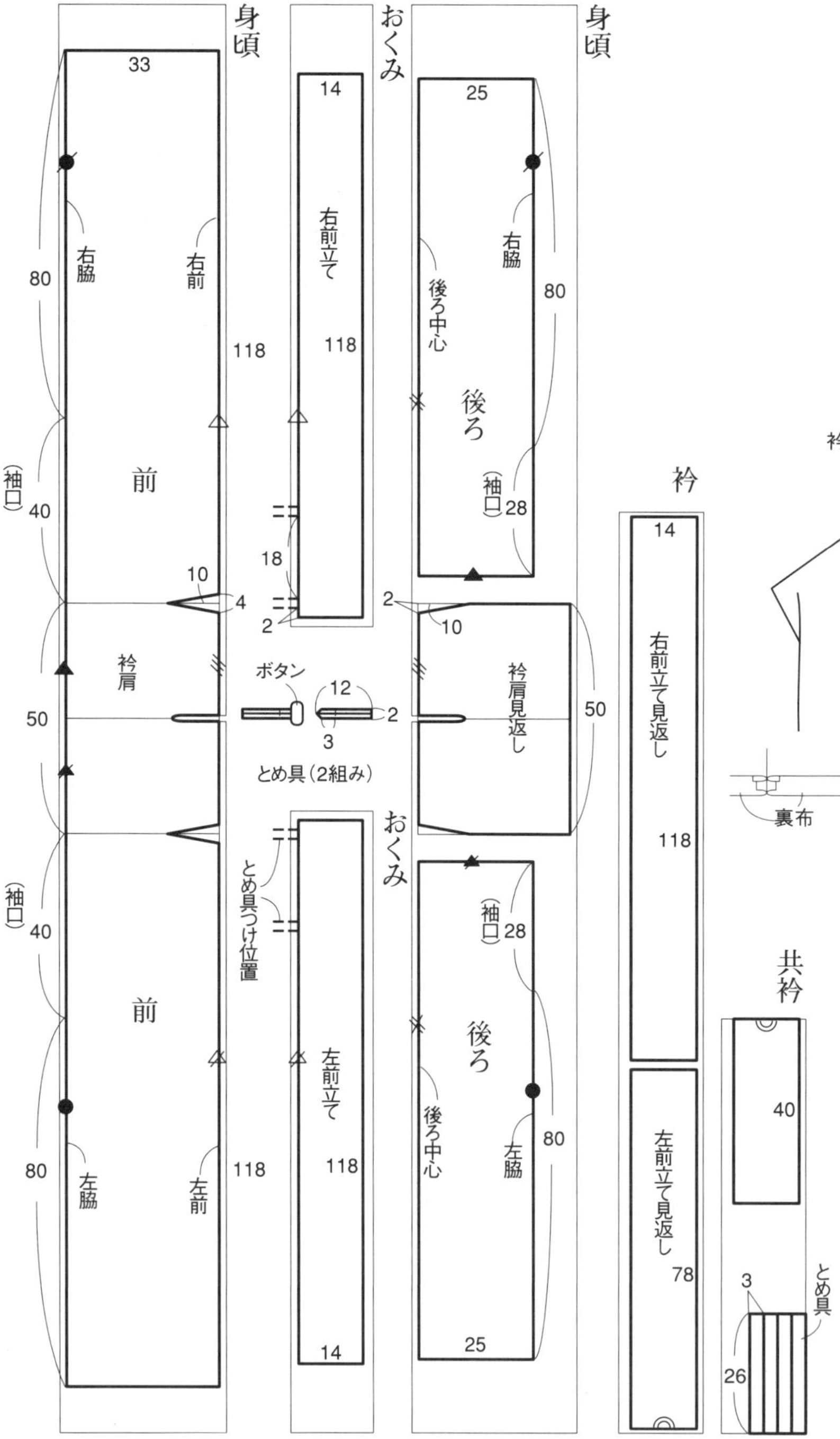

身頃
33
80
右脇
右前
118
（袖口）
40
前
10
4
衿肩
50
（袖口）
40
前
80
左脇
左前
118
おくみ
14
右前立て
118
18
2
ボタン
12
2
3
とめ具（2組み）
とめ具つけ位置
おくみ
左前立て
118
14
身頃
25
右脇
後ろ中心
80
後ろ
（袖口）
28
2
10
衿肩見返し
50
（袖口）
28
後ろ
後ろ中心
左脇
80
25
衿
14
右前立て見返し
118
左前立て見返し
78
共衿
40
とめ具
3
26

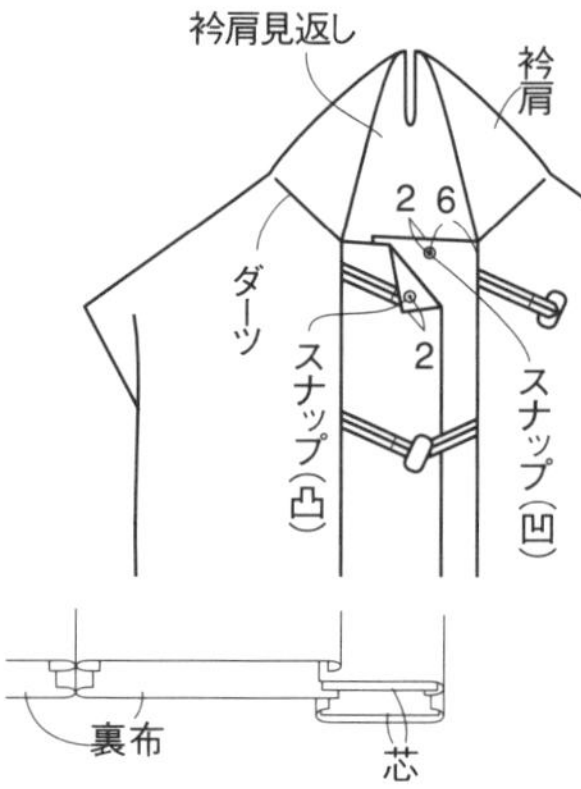

衿肩見返し
衿肩
2
6
ダーツ
2
スナップ（凸）
スナップ（凹）
裏布
芯

●表布以外の材料
九〇センチ幅で裏布二メートル四〇センチ、接着芯一メートル二〇センチ。

●メモ
コートは製図上の同じ印の位置を縫い合わせて仕立てます。とめ具は一センチ幅のひもを四本作り、製図の形に折って、二本の先にはボタンをつけます。残り二本は、先端から三センチの位置をミシンで縫い止め、ボタンがかけられるようにします。

ボタンの大きさ＝2.5×4.5
1.1

ステッチ幅＝1
1.5

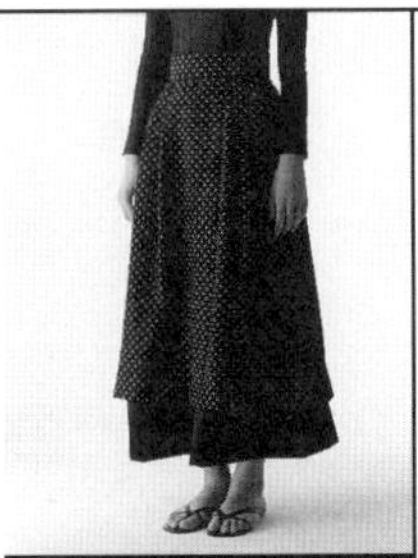

20ページ 絣の二部式きものから、スカート

●表布以外の材料

九〇センチ幅で別布九〇センチ、裏布（袋布分を含む）一メートル七〇センチ。

●メモ

裏布の裾に別布を縫い合わせ、スカートの裾が二重になるように仕立てます。ウエストには、前後それぞれ半身で二センチのいせ分を入れます。ベルトは幅が広いため、全体で二センチのゆるみ分を加えています。

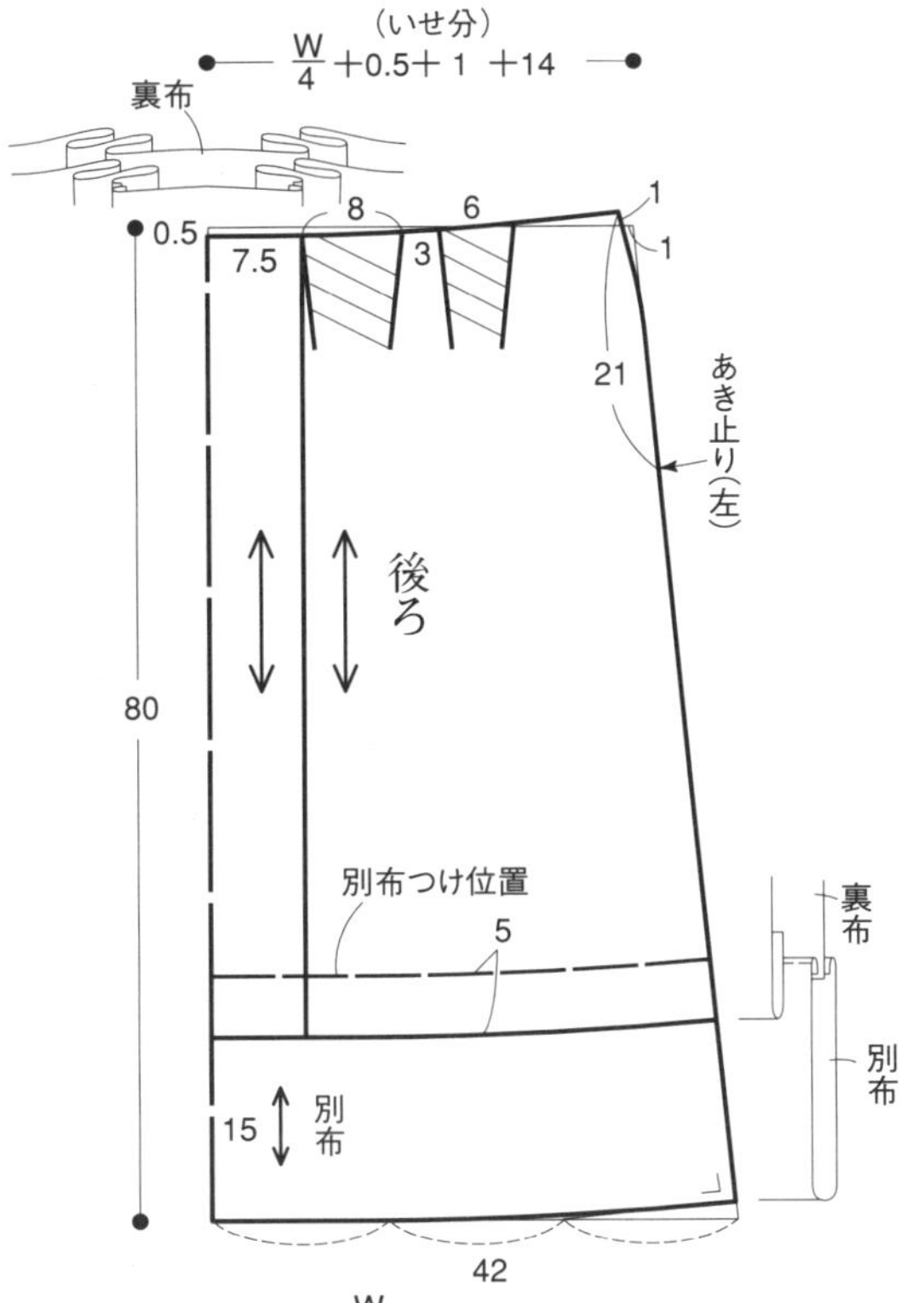

（いせ分）
W/4 ＋0.5＋ 1 ＋14
裏布
0.5
7.5
8
3
6
1
1
21
あき止り(左)
後ろ
80
別布つけ位置
5
裏布
別布
15
別布
42

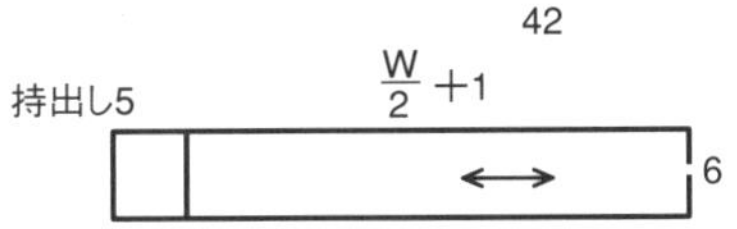

持出し5
W/2 ＋1
6

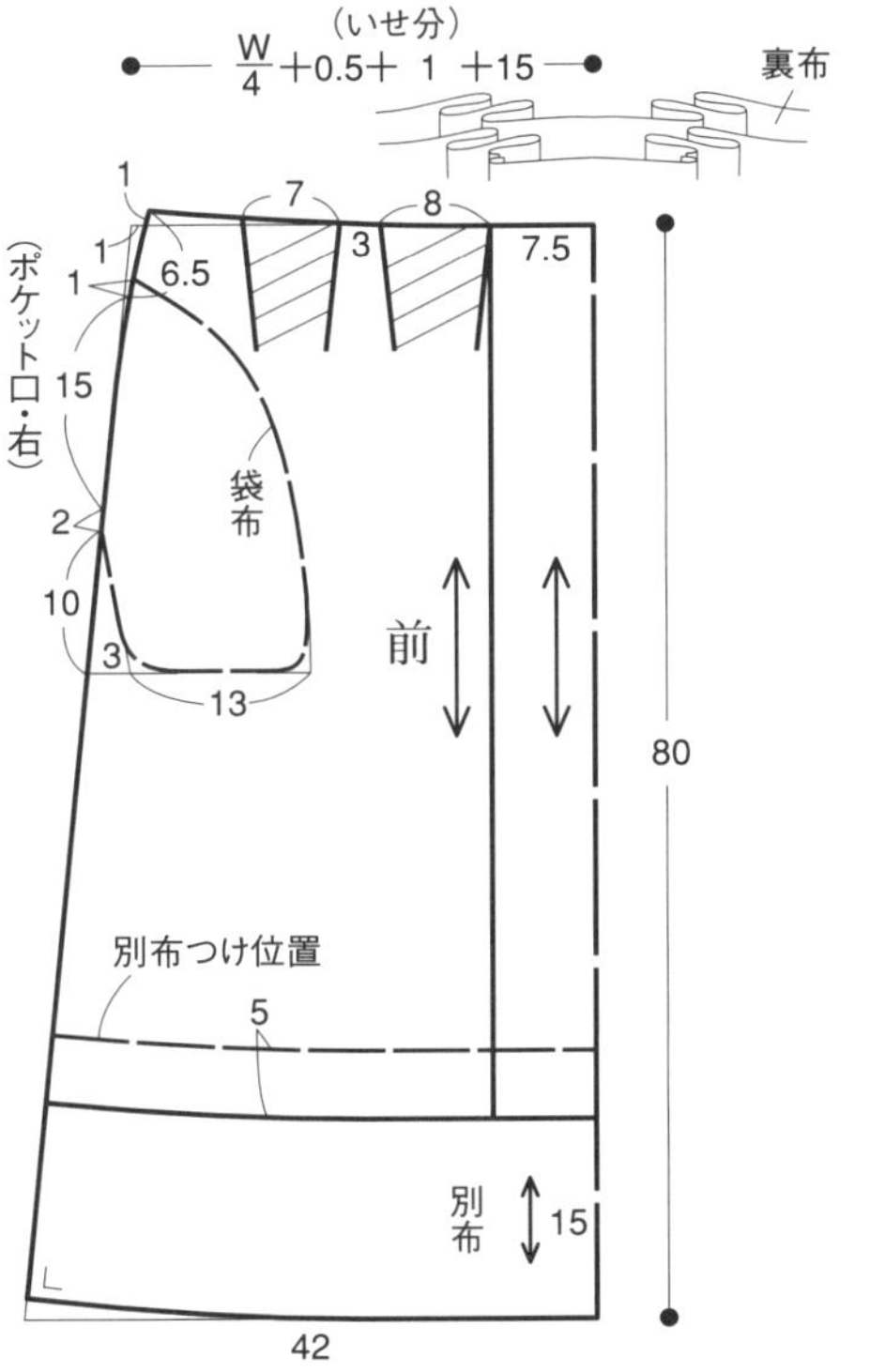

（いせ分）
W/4 ＋0.5＋ 1 ＋15
裏布
1
1
1
6.5
7
3
8
7.5
(ポケット口・右)
15
2
10
3
13
袋布
前
80
別布つけ位置
5
別布
15
42

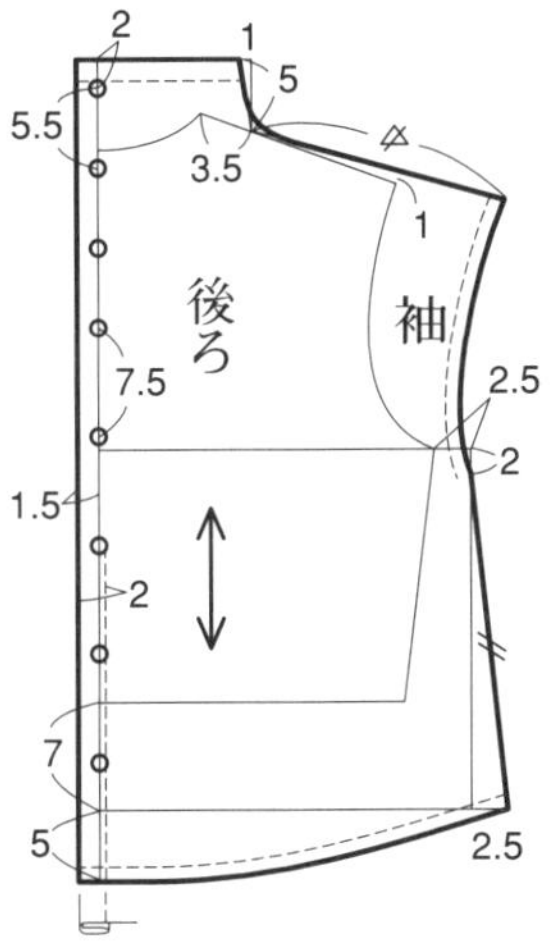

2
1
5
5.5
3.5
1
後ろ
袖
7.5
2.5
2
1.5
2
7
5
2.5

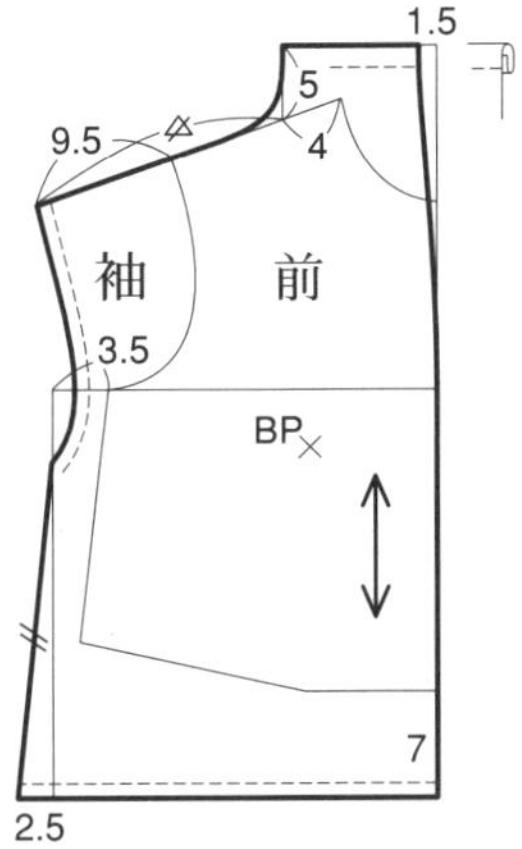

1.5
5
9.5
4
袖
前
3.5
BP
7
2.5

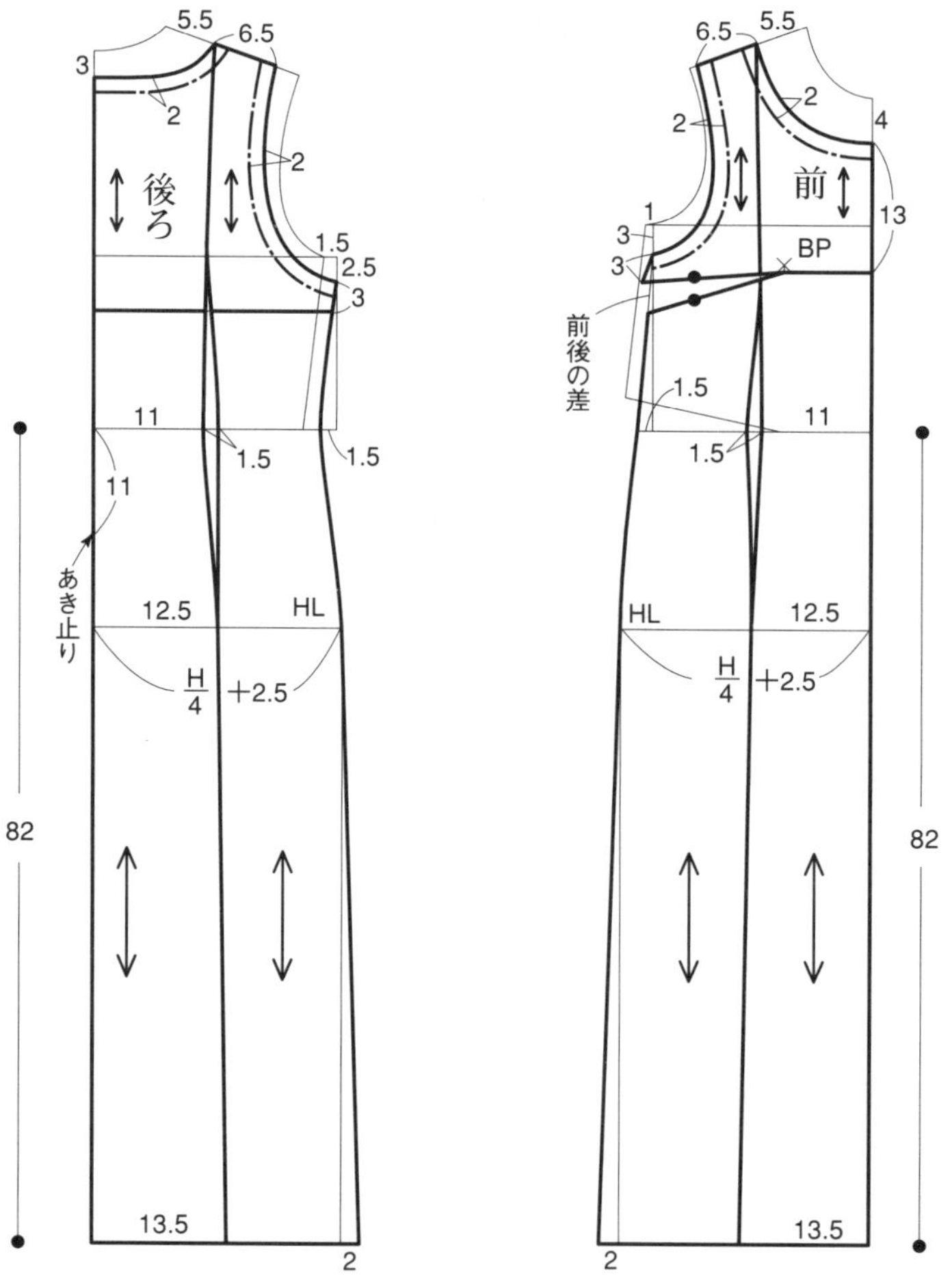

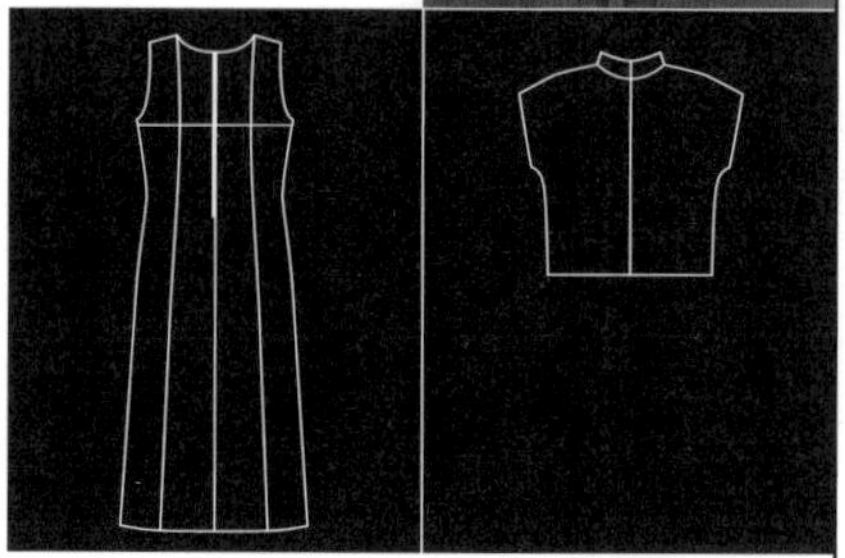

30ページ 袋帯から、ボレロとワンピース

●表布以外の材料
裏布九〇センチ幅三メートル二〇センチ。

●メモ
ワンピースは、帯の折り山を避けるため、縦の切替え線を作っていますが、裏布は、図のようにダーツ分を脇でカットし、縦の切替え線は入れずに作ります。
ボタンの大きさ＝4×4.5
ステッチ幅＝0.2

裏布の裁ち方

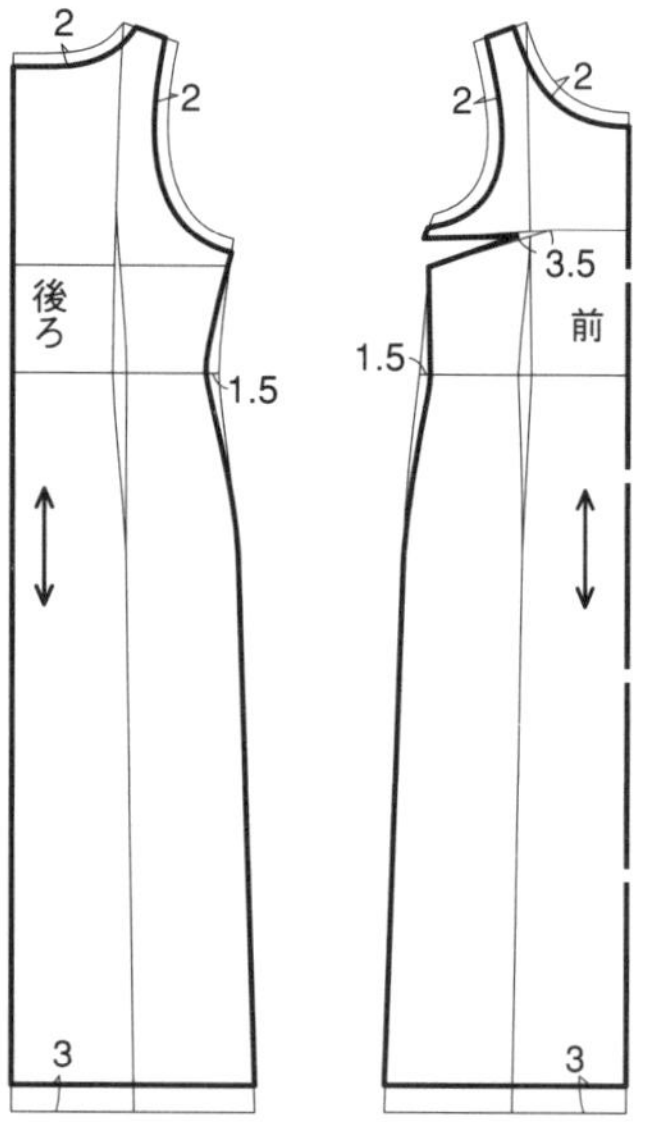

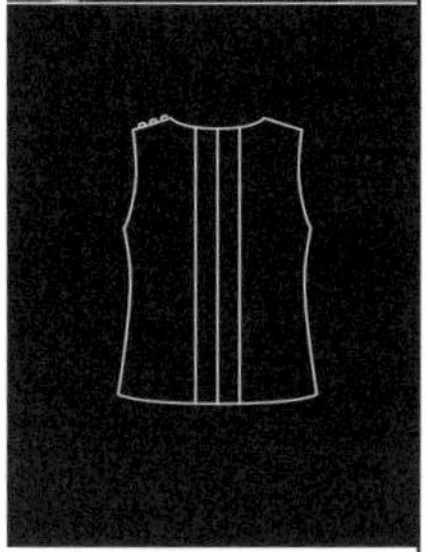

47ページ 裾回しから、タンクトップ

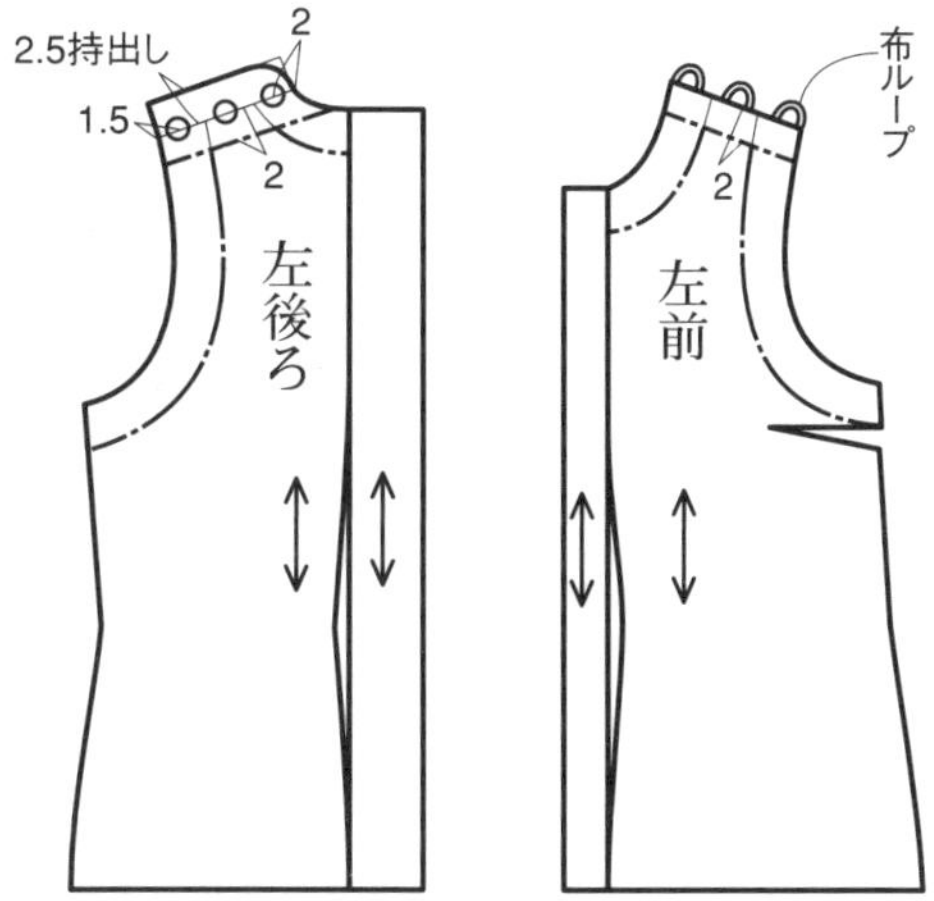

2.5持出し
2
1.5
2
左後ろ
布ループ
2
左前

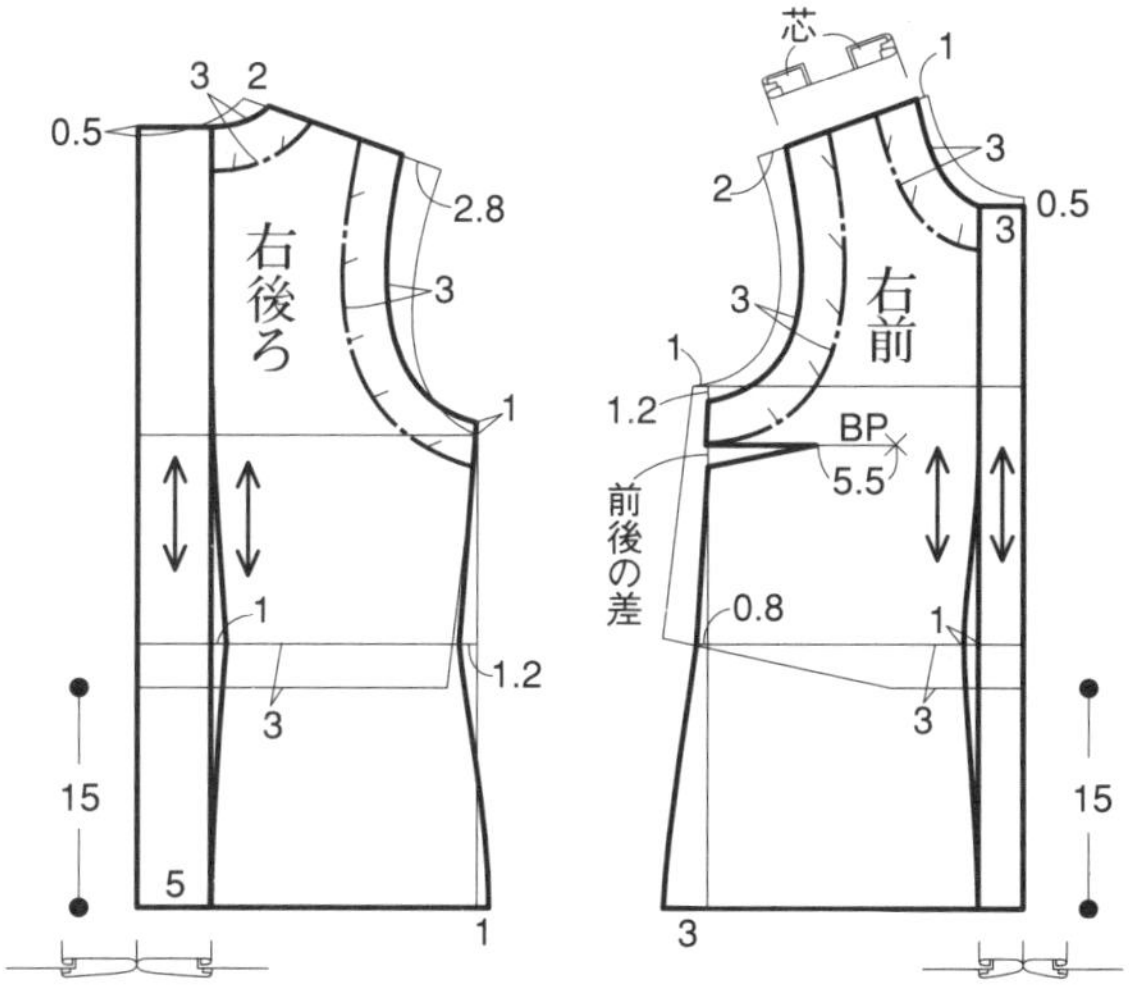

3 2
0.5
2.8
3
右後ろ
1
1
1.2
3
15
5
1
芯
1
3
2
0.5
3
3
右前
1
1.2
BP
5.5
前後の差
0.8
1
3
15
3

●表布以外の材料
接着芯九〇センチ幅二五センチ。

●メモ
前後の中心布は、それぞれ表側の切替え線をミシンで縫い、裏側の切替え線はまつっています。左肩あきの布ループは、出来上がりが三ミリ幅になるようにバイアスの布で作ります。

ボタンの大きさ＝1.5

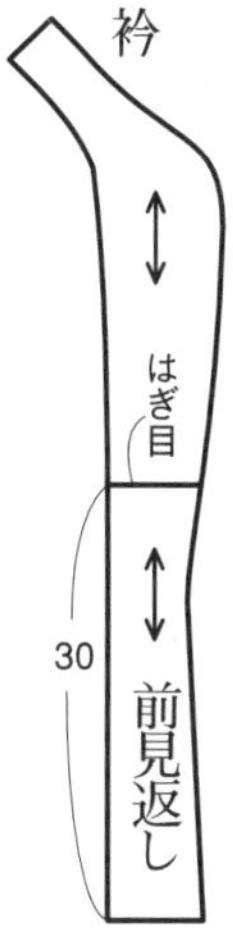

衿
はぎ目
30
前見返し

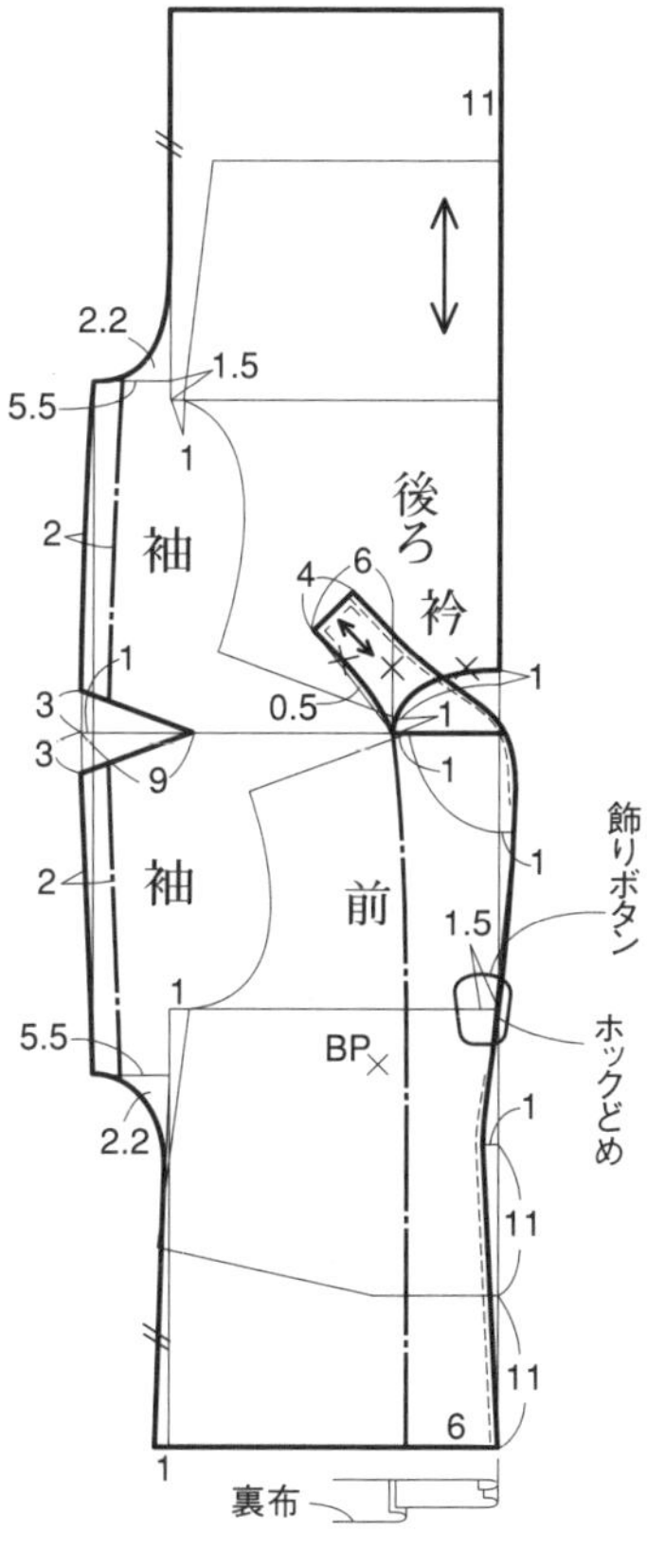

11
2.2
1.5
5.5
1
後ろ
2
袖
4 6
衿
1
3
0.5
1
3
9
1
2
袖
前
1
飾りボタン
1.5
ホックどめ
1
5.5
BP
2.2
1
11
11
1
6
裏布

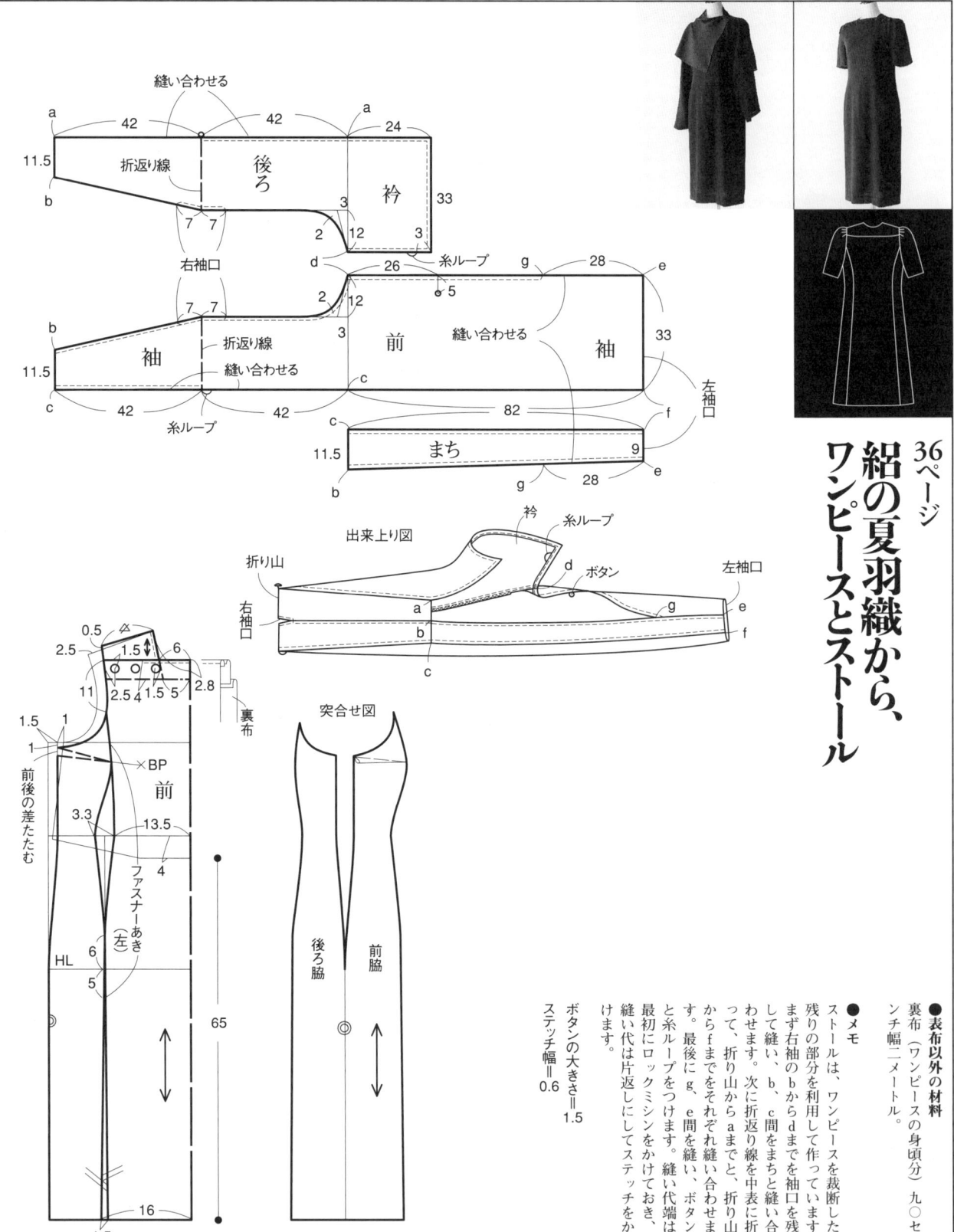

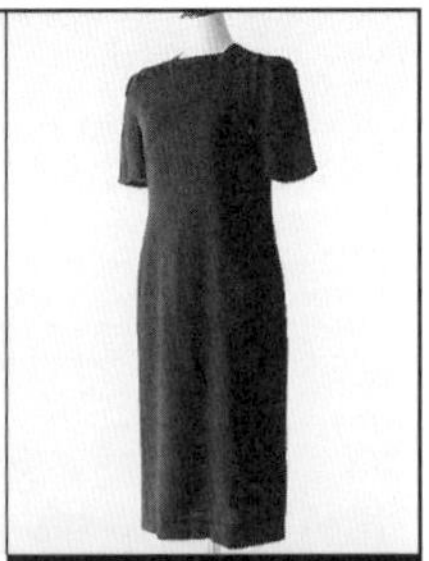

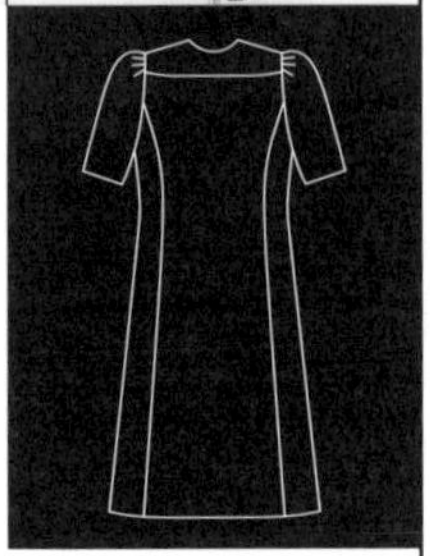

36ページ
絽の夏羽織から、ワンピースとストール

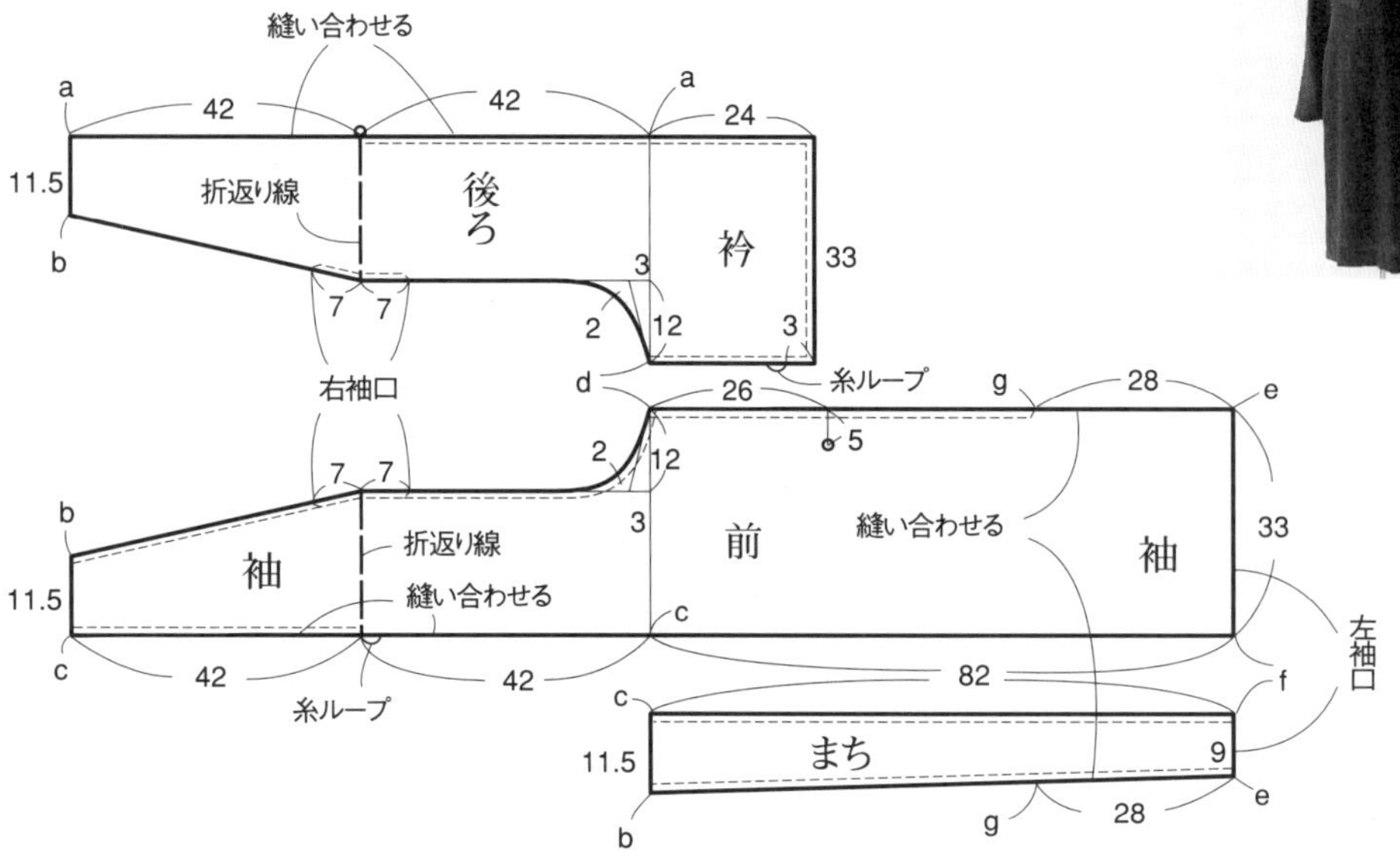

縫い合わせる
a
42
42
24
11.5
折返り線
後ろ
衿
33
b
3
7 7
2
12
3
糸ループ
右袖口
d
26
g
28
e
5
7 7
2
12
b
3
前
縫い合わせる
袖
折返り線
袖
33
11.5
縫い合わせる
c
c
42
42
82
左袖口
糸ループ
c
f
11.5
まち
9
e
g
28
b

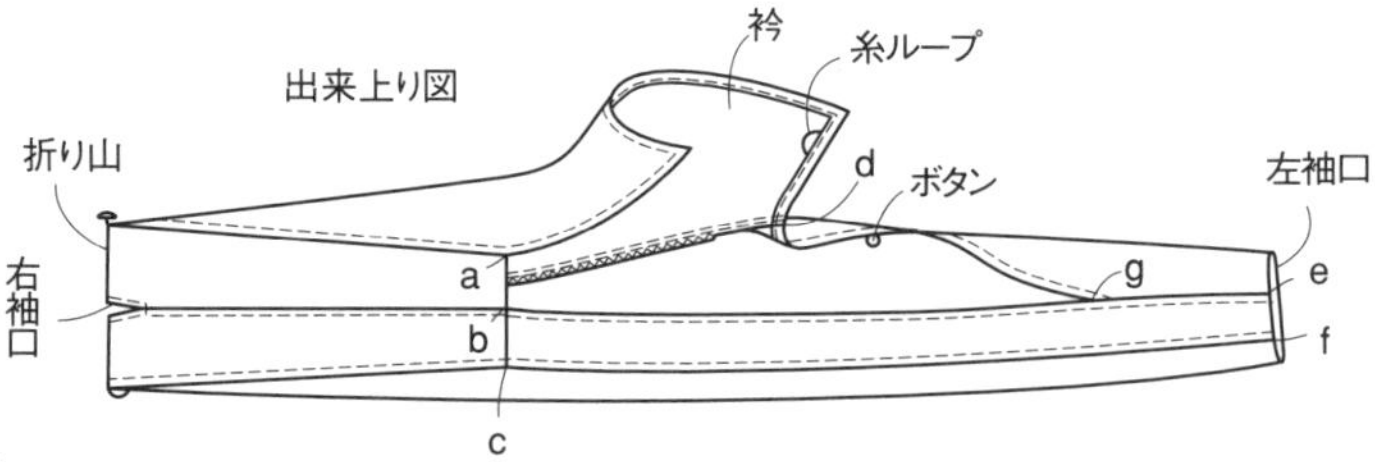

出来上り図
衿
糸ループ
折り山
d
ボタン
左袖口
右袖口
a
g
e
b
f
c

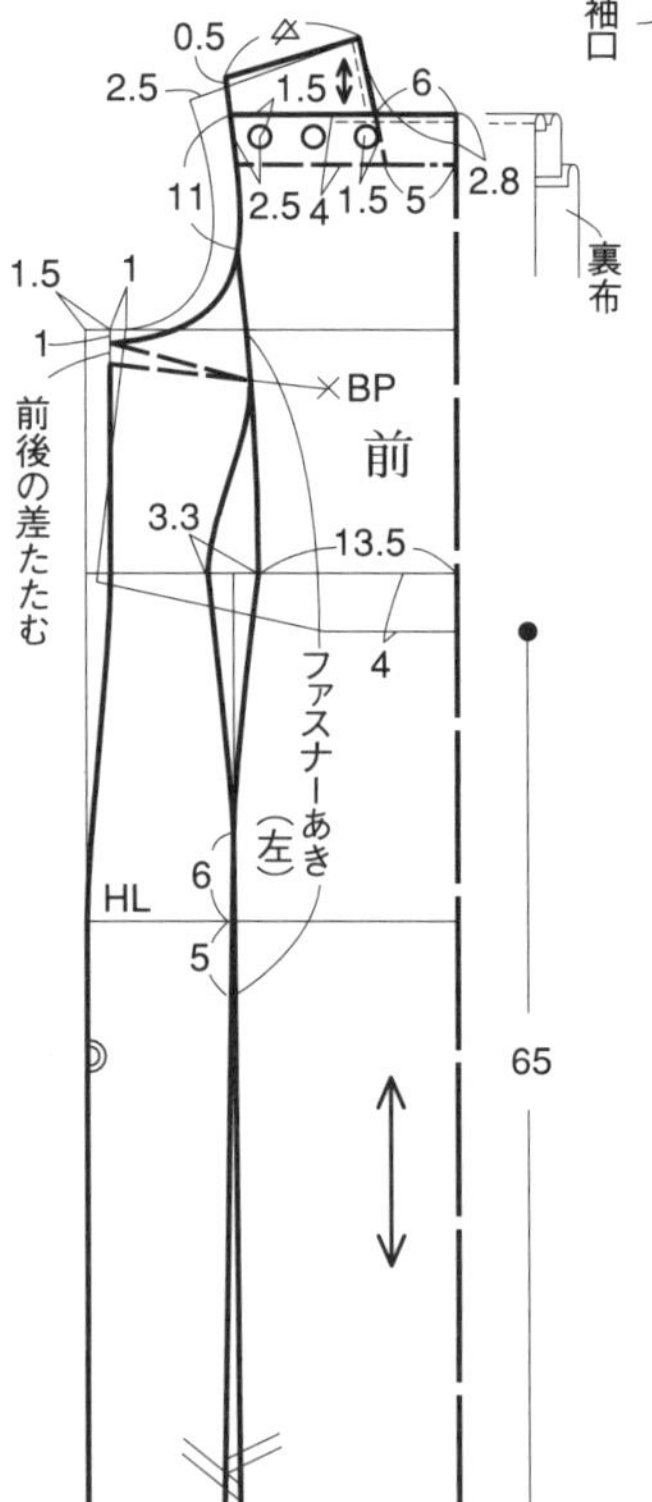

0.5
2.5
1.5
6
2.5
4
1.5
5
2.8
11
裏布
1.5
1
1
BP
前
前後の差たたむ
3.3
13.5
4
ファスナーあき（左）
HL
6
5
65
16
1.5

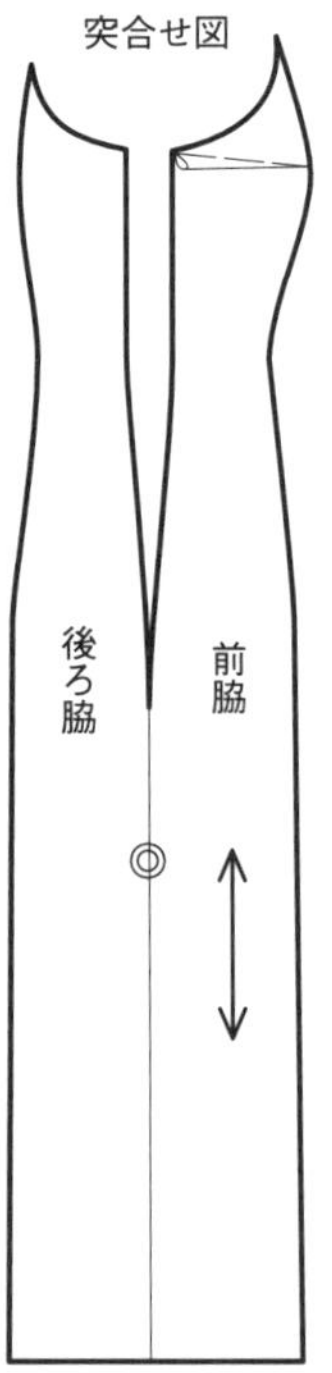

突合せ図
後ろ脇
前脇

●表布以外の材料
裏布（ワンピースの身頃分）九〇センチ幅二メートル。

●メモ
ストールは、ワンピースを裁断した残りの部分を利用して作っています。まず右袖のbからdまでを袖口を残して縫い、b、c間をまちと縫い合わせます。次に折返り線を中表に折って、折り山からaまでと、折り山からfまでをそれぞれ縫い合わせます。最後にg、e間を縫い、ボタンと糸ループをつけます。縫い代端は最初にロックミシンをかけておき、縫い代は片返しにしてステッチをかけます。

ボタンの大きさ＝1.5
ステッチ幅＝0.6

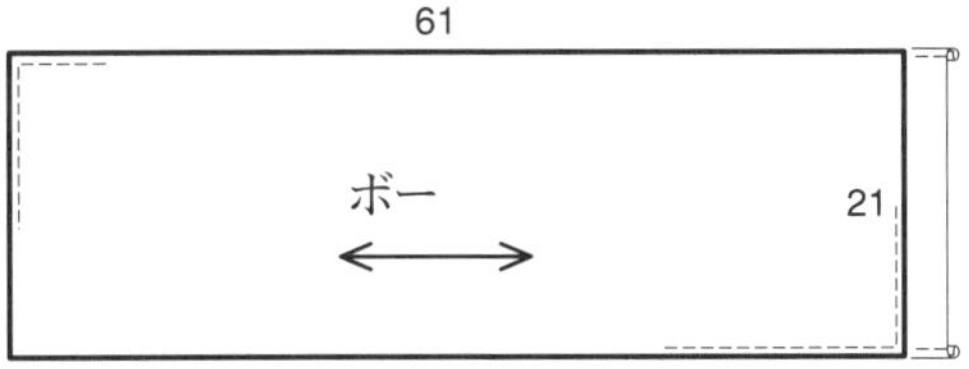
61
ボー
21

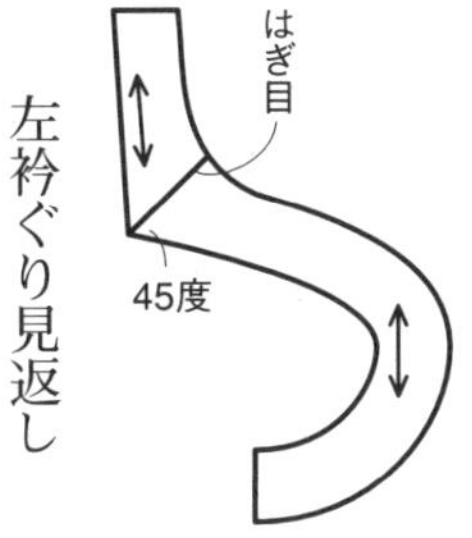
はぎ目
左衿ぐり見返し
45度

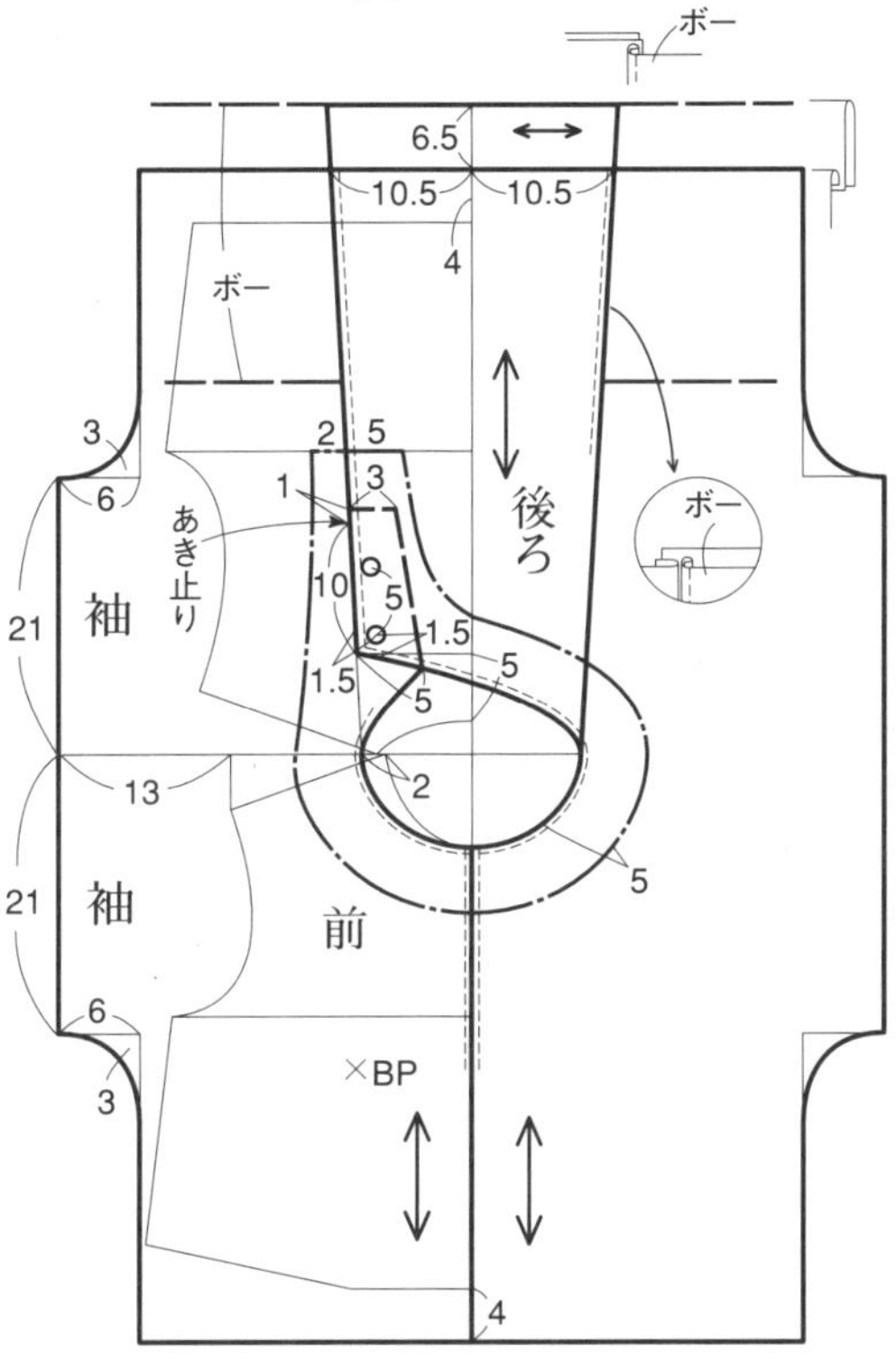
ボー
6.5
10.5
10.5
4
ボー
3
6
2
5
3
1
あき止り
10
5
1.5
1.5
5
5
後ろ
ボー
21
袖
13
2
5
21
袖
前
6
3
×BP
4

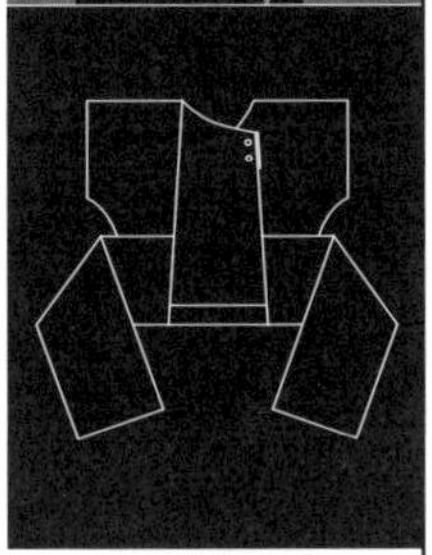

44ページ 藍の型染めの羽織から、ブラウス

●メモ
はじめに後ろあきを作ってから前後の切替え線を縫い、脇を縫い合わせます。次に後ろ裾部分を縫い合わせてから、裾、袖口を出来上りに折りまつって始末します。ボーは三辺に三つ折りミシンをかけ、後ろ身頃のボーつけ位置（切替え線のきわ）にミシンで縫いつけます。

ボタンの大きさ＝1.3
ステッチ幅＝0.3

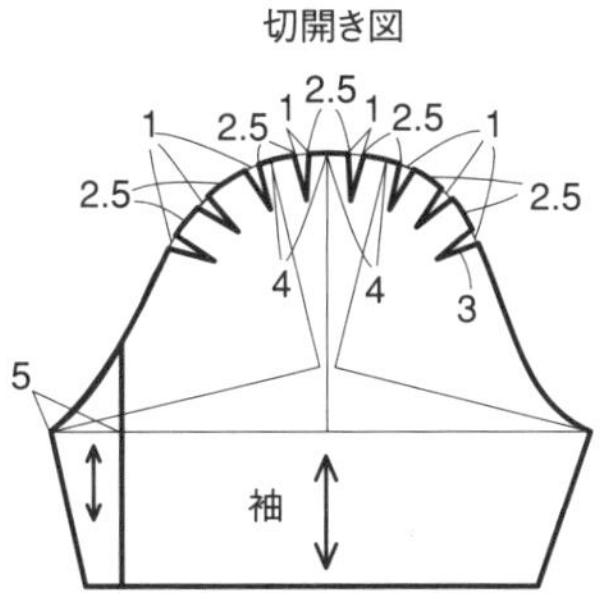
切開き図
1
2.5
1
2.5
1
2.5
1
2.5
1
2.5
2.5
4
4
3
5
袖

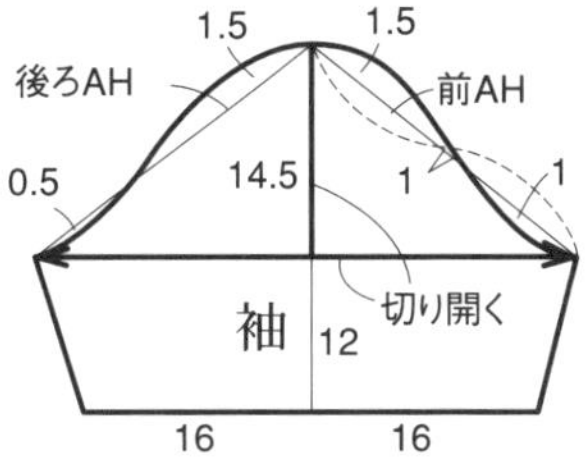
1.5
1.5
後ろAH
前AH
0.5
14.5
1
1
袖
12
切り開く
16
16

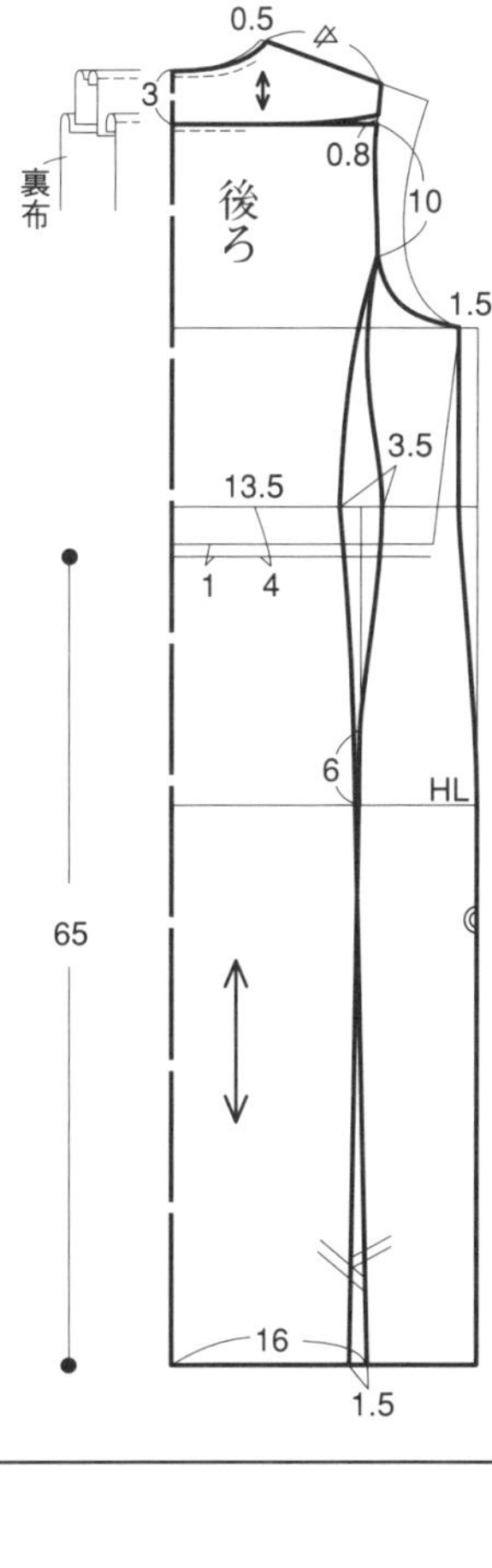
0.5
3
0.8
裏布
後ろ
10
1.5
3.5
13.5
1
4
6
HL
65
16
1.5

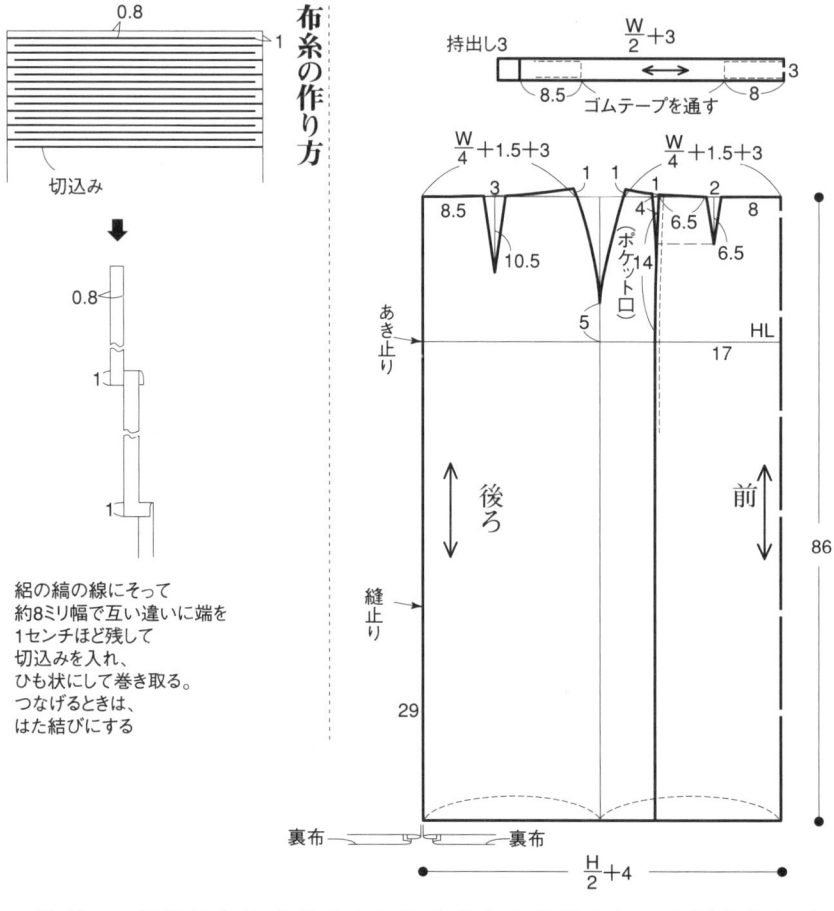

42ページ
絽の夏羽織から、ニットとスカート

●**表布以外の材料**
スカート
裏布九〇センチ幅一メートル九〇センチ。
ベスト
きものと同系色の中細くらいの毛糸一五〇グラム。

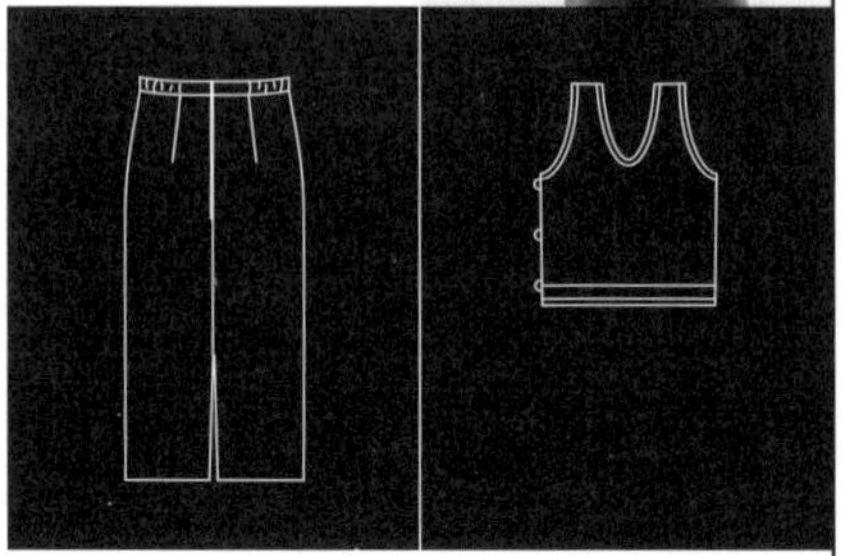

はた結び

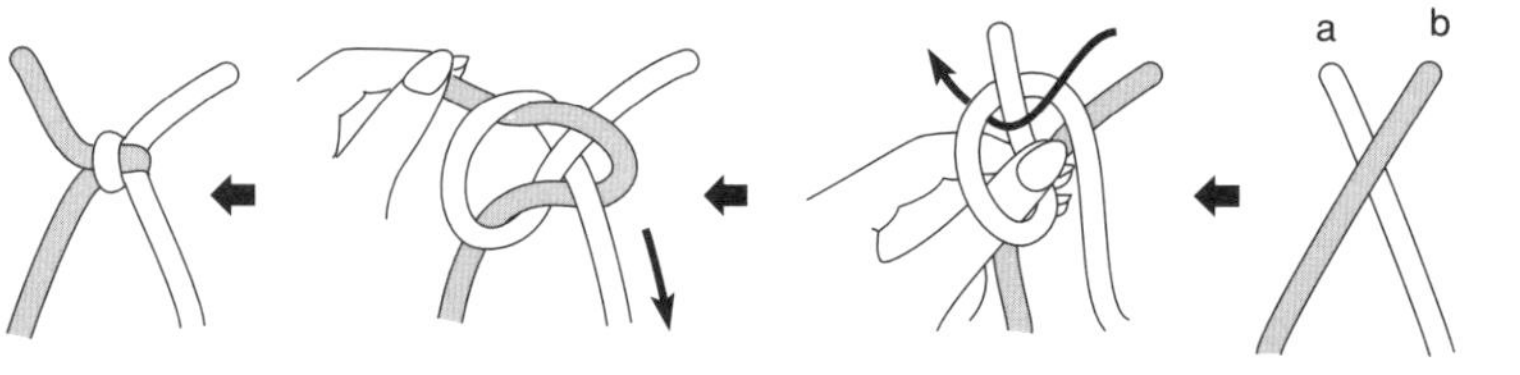
a
b

糸を交差させ、重ね目を親指と人さし指ではさむ。
aの糸を手前から回し、aの糸の下を通ってbの糸の上に出す。
bの糸を矢印のようにくぐらせる。bの糸端を持ち、aの糸を矢印の方向へ引く

布糸の作り方

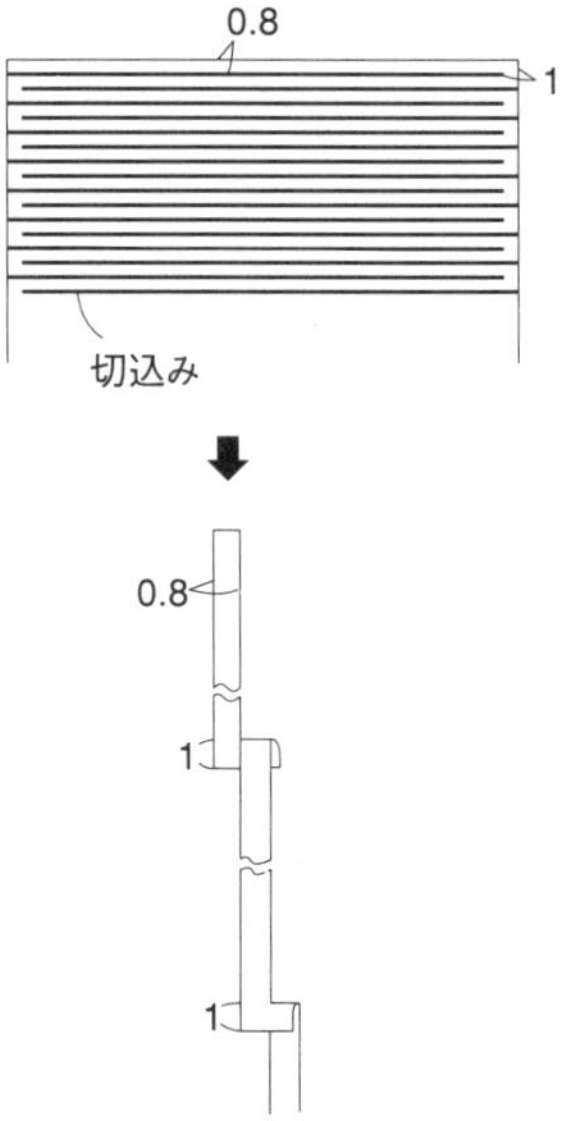
0.8
1
切込み
0.8
1
1

絽の縞の線にそって
約8ミリ幅で互い違いに端を
1センチほど残して
切込みを入れ、
ひも状にして巻き取る。
つなげるときは、
はた結びにする

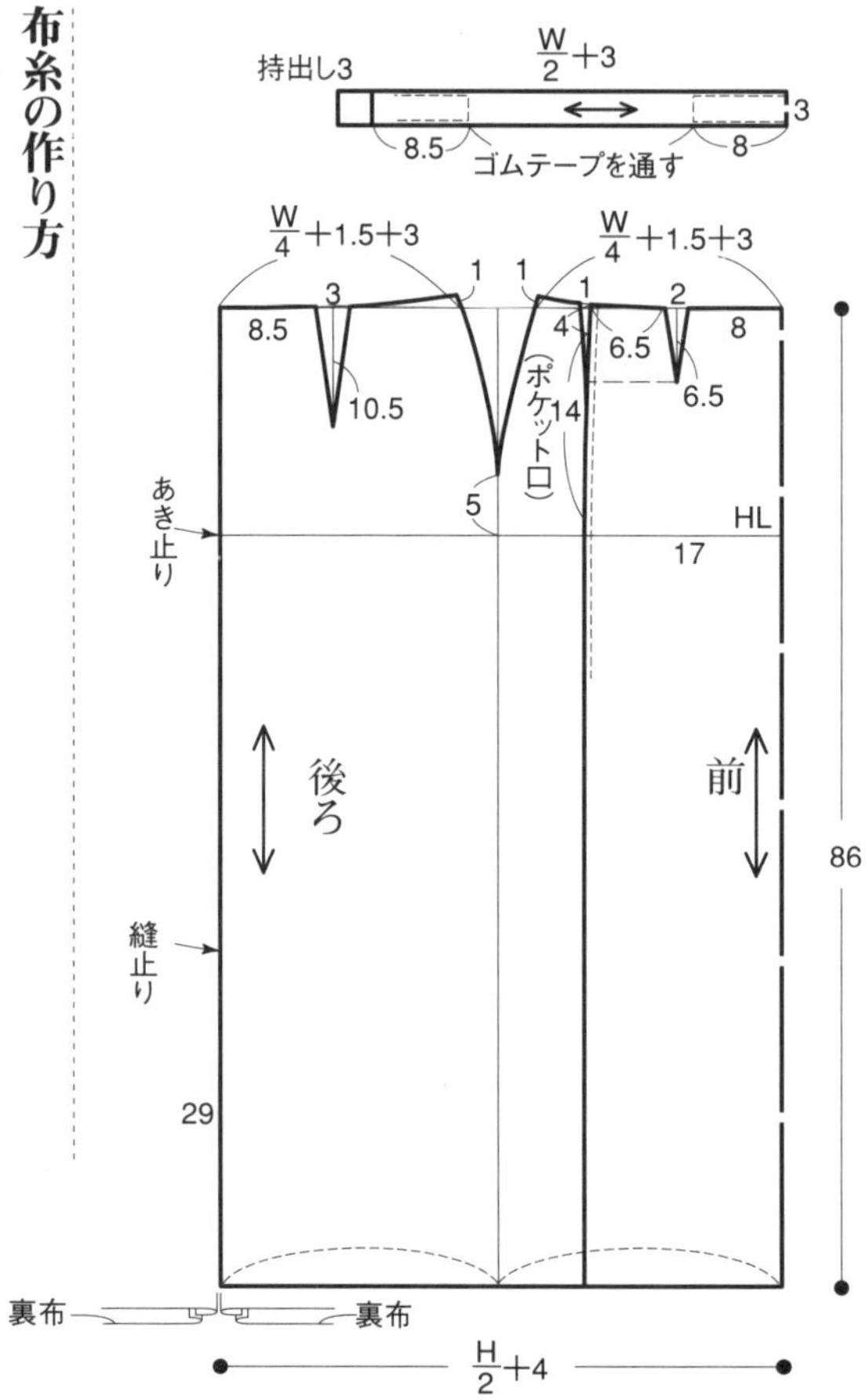
持出し3
W/2+3
3
8.5
ゴムテープを通す
8
W/4+1.5+3
W/4+1.5+3
3
1
1
1
2
8.5
4
6.5
8
10.5
(ポケット口)
14
6.5
あき止り
5
HL
17
後ろ
前
86
縫止り
29
裏布
裏布
H/2+4

●**用具**
一五号、一〇ミリ棒針。一五ミリかぎ針。

●**ゲージ**
六目八段が一〇センチ四方。

●**ベストの出来上り寸法**
胸回り九六センチ、着丈四九センチ。

●**編み方**
布糸と編み糸の二本どりで編みます。裾の作り目は一〇ミリ棒針一本を使って、針に直接一目ゴム編みの目を六〇目作り、四段編みます（図を参照）。五段めから一五号棒針に替え、ざっくりした風合いの編み地にするため、かけ目一回のドライブ編みをします。五段めは、まず右針に手前から糸を一回かけ（かけ目）、次に左針にかかっている最初の目を表編み、また右針に糸をかけ、左針の二目めを表編みすることを繰り返して最後まで編みます。針には六〇目の倍一二〇目がかかった状態になります。編み地を持ち替え、七段めの裏編みをします。六段めと同じように右針に糸をかけ、左針の一目めを裏編みしたら、六段めでかけた糸を針からはずし、編み目を引き伸ばします（目をドライブする）。次にまた右針に糸をかけ、左針の二目めを裏編みし、かけた糸をはずすことを繰り返します。この編み方は初めてという方は、本番に入る前に少ない目数で練習することをおすすめします。この編み地は縦にも横にも伸びますが、特に着ると肩から袖ぐりにかけて縦に伸びるので、縁の細編みは糸を引き加減に編むといいでしょう。脇、左袖ぐり、裾の縁編みは、前脇下から編み始め、左袖ぐり、後ろ脇、前後の裾、前脇上で終わります。角では鎖一目を編みます。前脇のみ二段編むことになります。左脇は前身頃を上にして細編み分を重ね、編み糸で粗く縫い合わせ、飾りボタンをつけます。

ボタンの大きさ＝3
ステッチ幅＝0.5

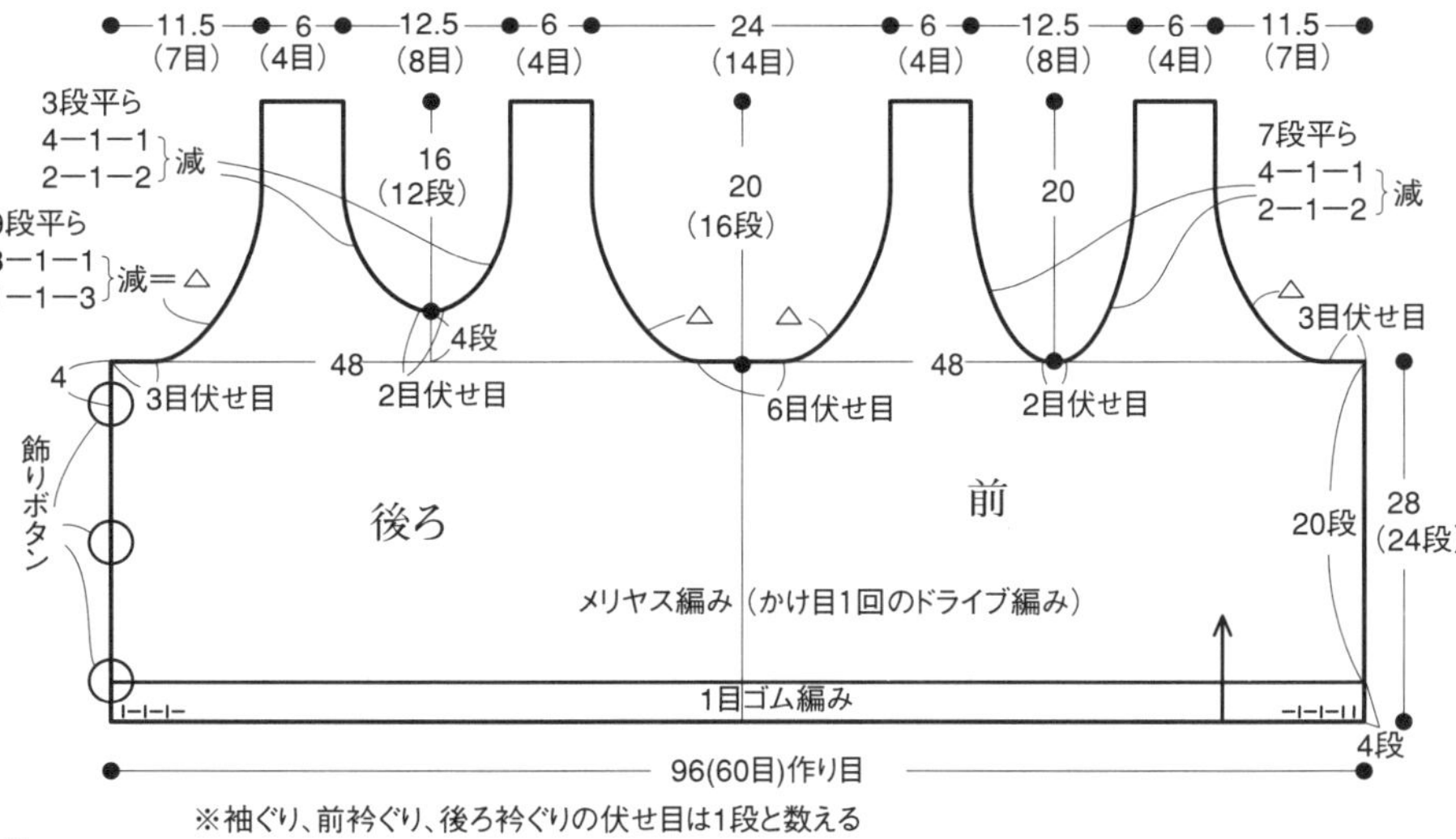
11.5
(7目)
6
(4目)
12.5
(8目)
6
(4目)
24
(14目)
6
(4目)
12.5
(8目)
6
(4目)
11.5
(7目)
3段平ら
4−1−1
2−1−2
減
9段平ら
3−1−1
1−1−3
減＝△
16
(12段)
20
(16段)
20
7段平ら
4−1−1
2−1−2
減
4段
3目伏せ目
4
48
3目伏せ目
2目伏せ目
6目伏せ目
48
2目伏せ目
飾りボタン
後ろ
前
20段
28
(24段)
メリヤス編み（かけ目1回のドライブ編み）
1目ゴム編み
4段
96(60目)作り目

※袖ぐり、前衿ぐり、後ろ衿ぐりの伏せ目は1段と数える

縁のまとめ

細編み（15ミリかぎ針）

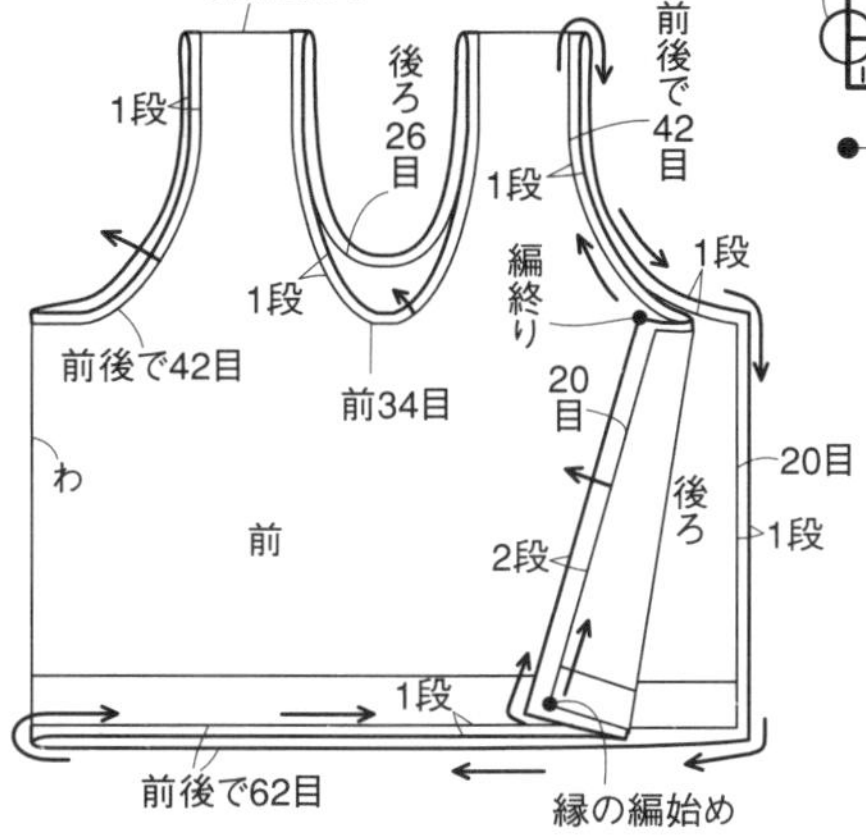
引抜きはぎ
1段
後ろ26目
前後で42目
1段
1段
1段
編終り
前後で42目
前34目
20目
20目
わ
前
後ろ
2段
1段
1段
前後で62目
縁の編始め

編み目記号

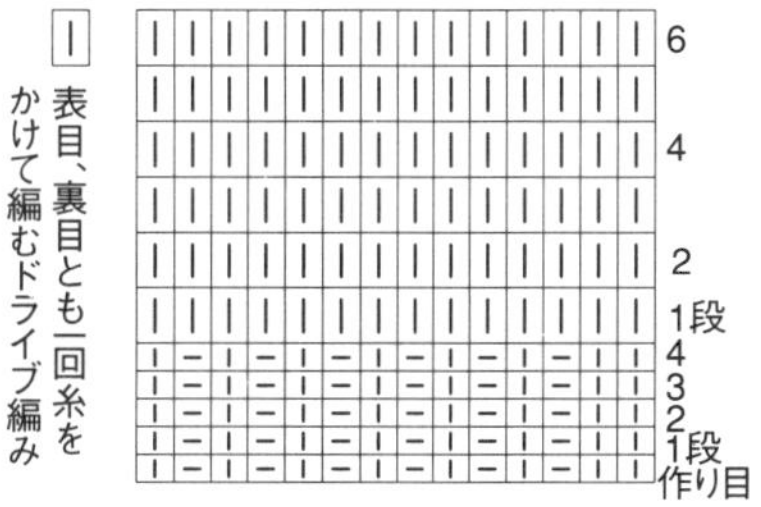
表目、裏目とも一回糸をかけて編むドライブ編み
6
4
2
1段
4
3
2
1段
作り目

一目ゴム編みの作り目と編み方

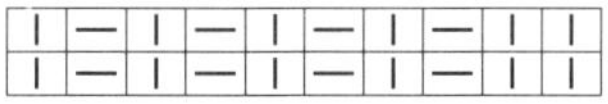
（作り目の状態 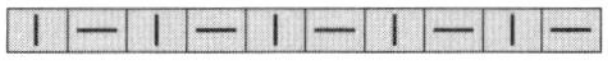）作り目数＝偶数

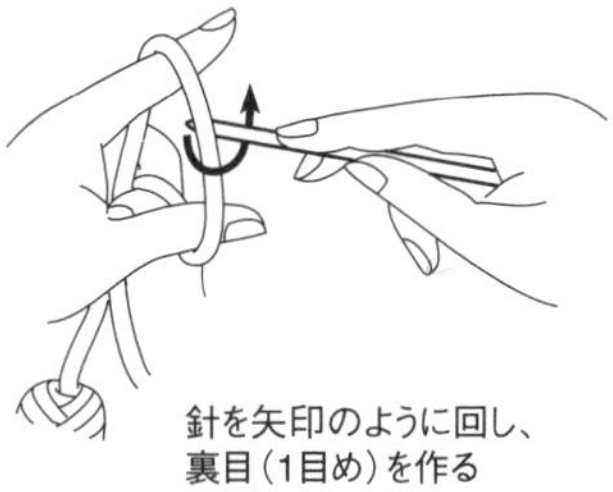

針を矢印のように回し、
裏目（1目め）を作る

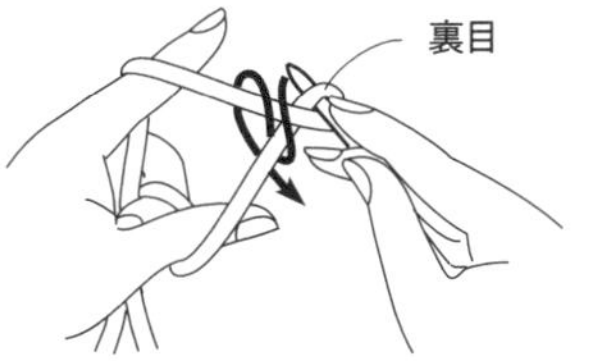
裏目

矢印のように針をくぐらせ、
表目（2目め）を作る

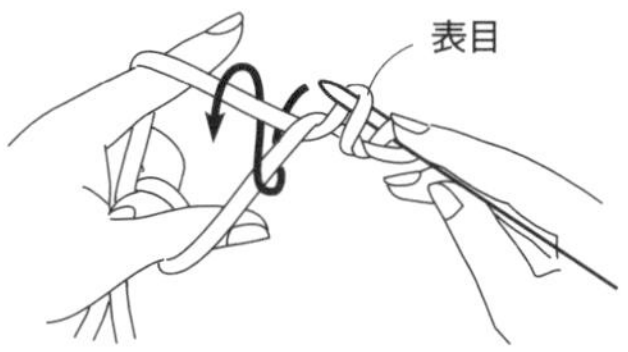
表目

矢印のように針をくぐらせ、
裏目（3目め）を作る

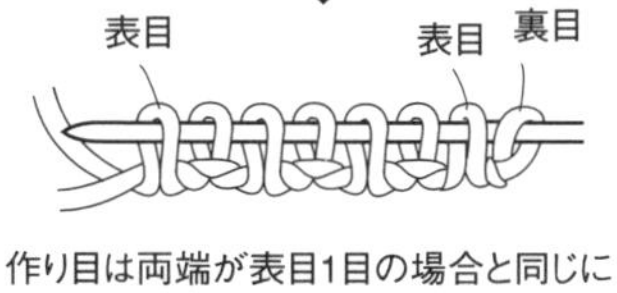
表目
表目
裏目

作り目は両端が表目1目の場合と同じに
裏目から作り、最後は表目にする

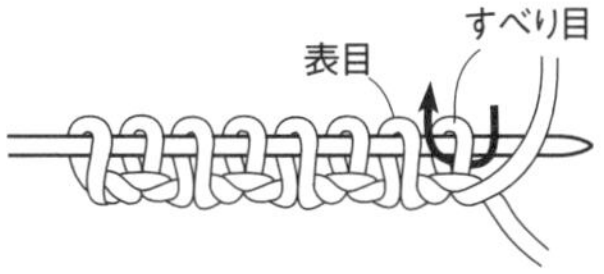
表目
すべり目

針を持ち替えて、すべり目、
表目を交互に編み、左端の2目は
すべり目、裏目を編む

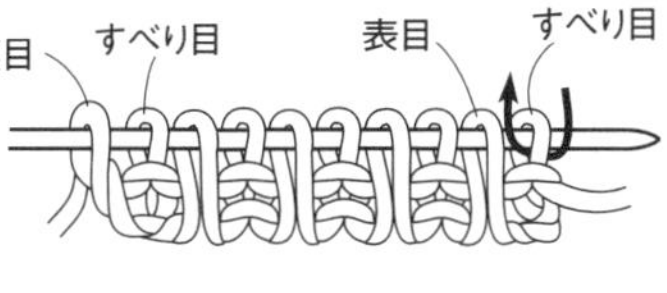
裏目
すべり目
表目
すべり目

裏目
すべり目

針を持ち替えて、
3段めからは普通に
1目ゴム編みを編む

針を持ち替えて、2段めはすべり目、表目を交互に編む。左の端の目は裏目に編む

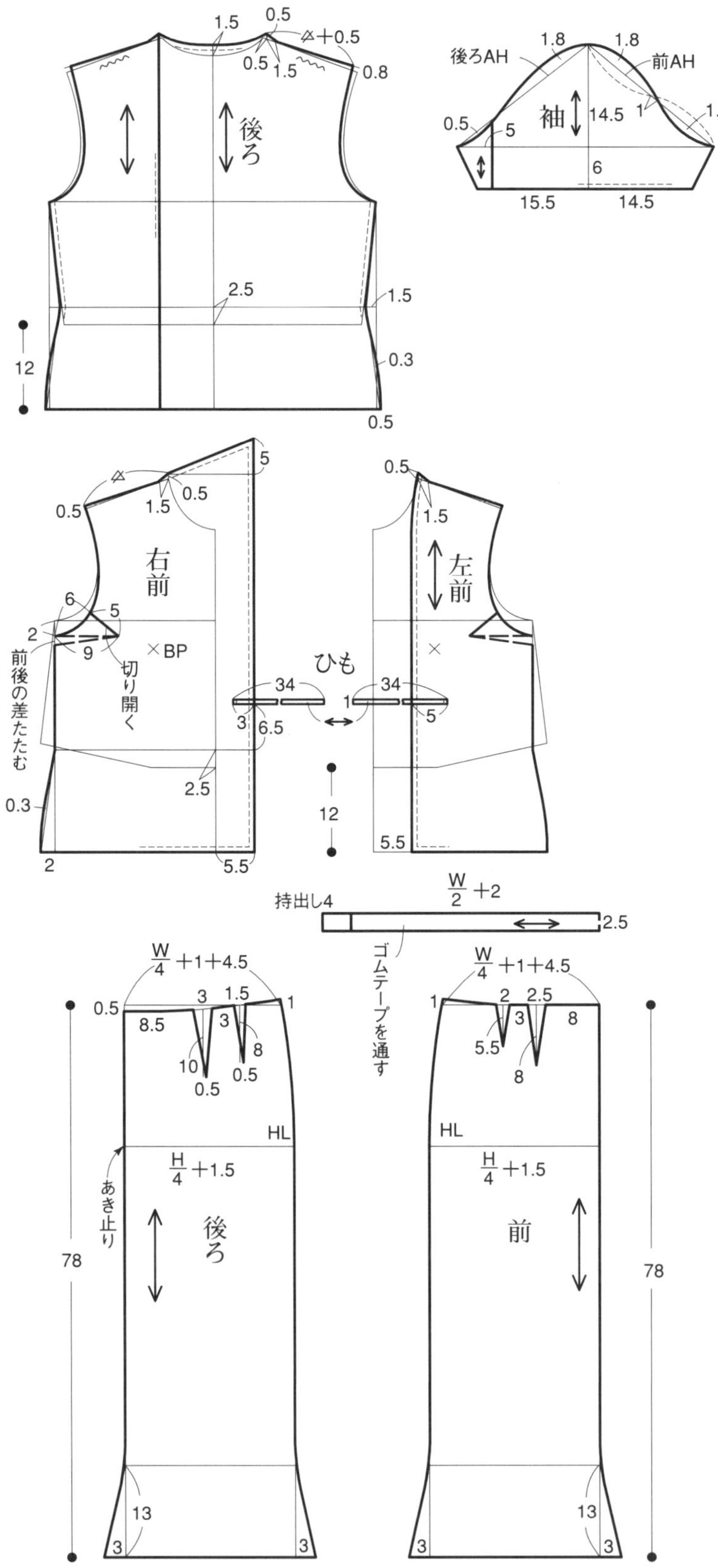

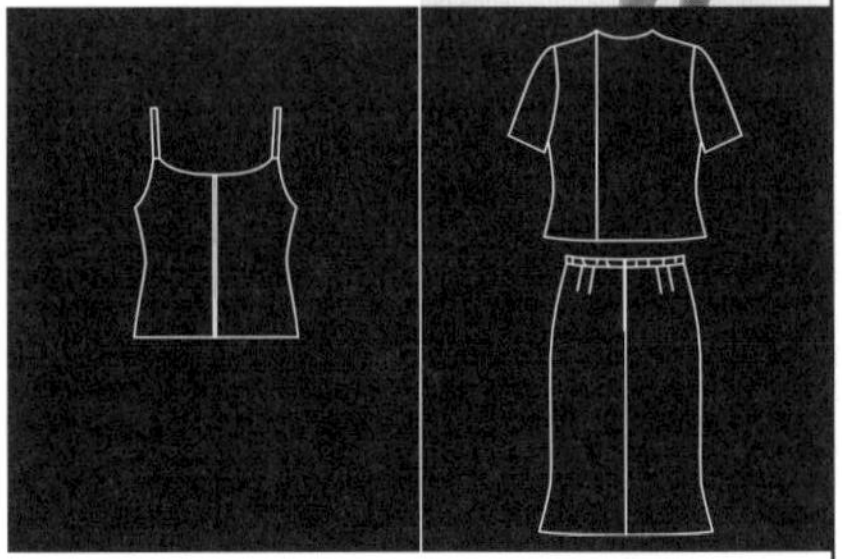

38ページ
紋紗の夏羽織から、ツーピース

●表布以外の材料
ツーピース
裏布（スカート分）九〇センチ幅一メートル七〇センチ。
キャミソール
九〇センチ幅一メートル一〇センチ。

●メモ
ブラウスの前端、衿ぐり、裾、袖口は三つ折りミシンで始末します。そのほかの縫い代端は、薄手の布地なので、ロックミシンをかけておくのがいいでしょう。

ステッチ幅＝0.6（ツーピース）
ステッチ幅＝0.1 1.5（キャミソール）

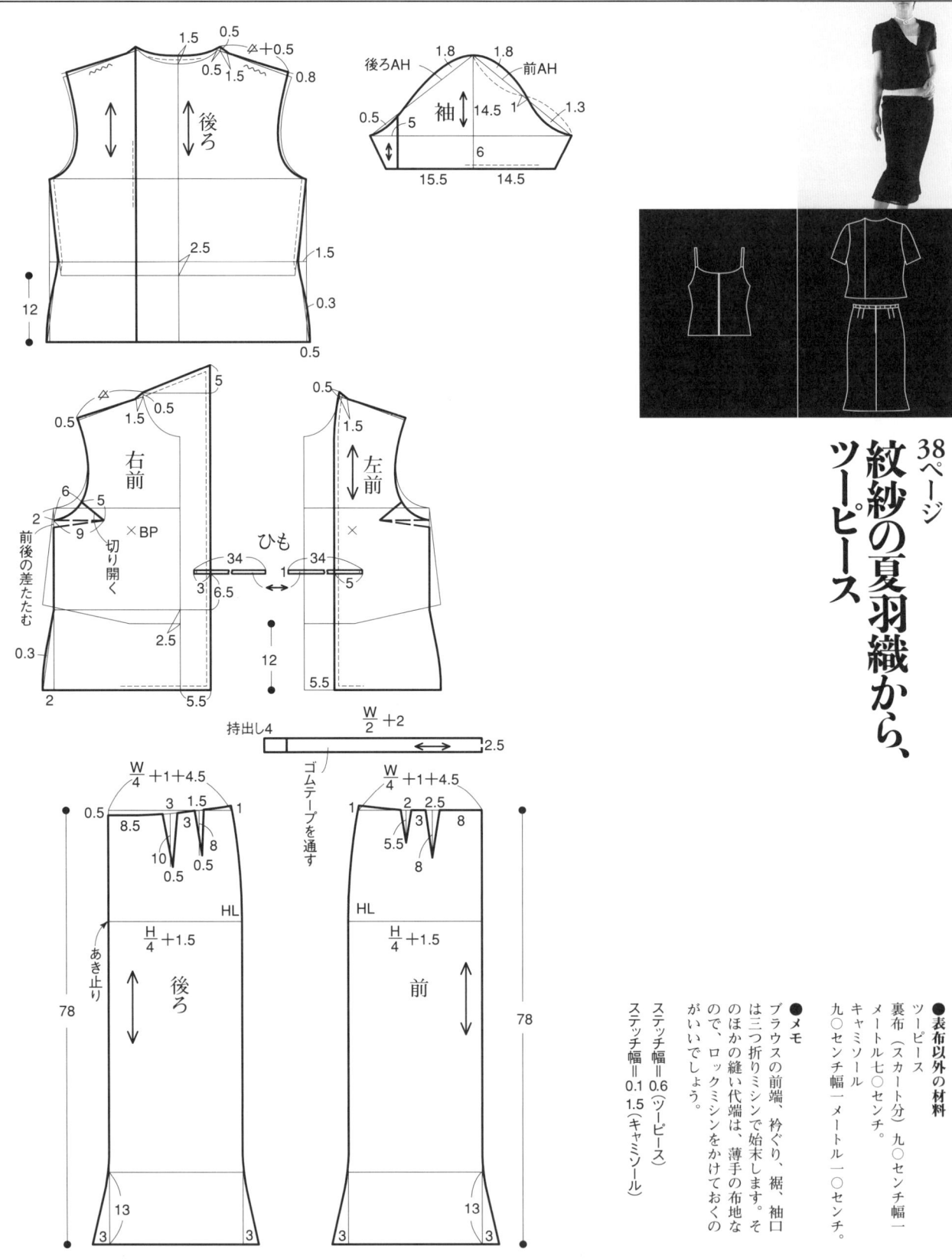

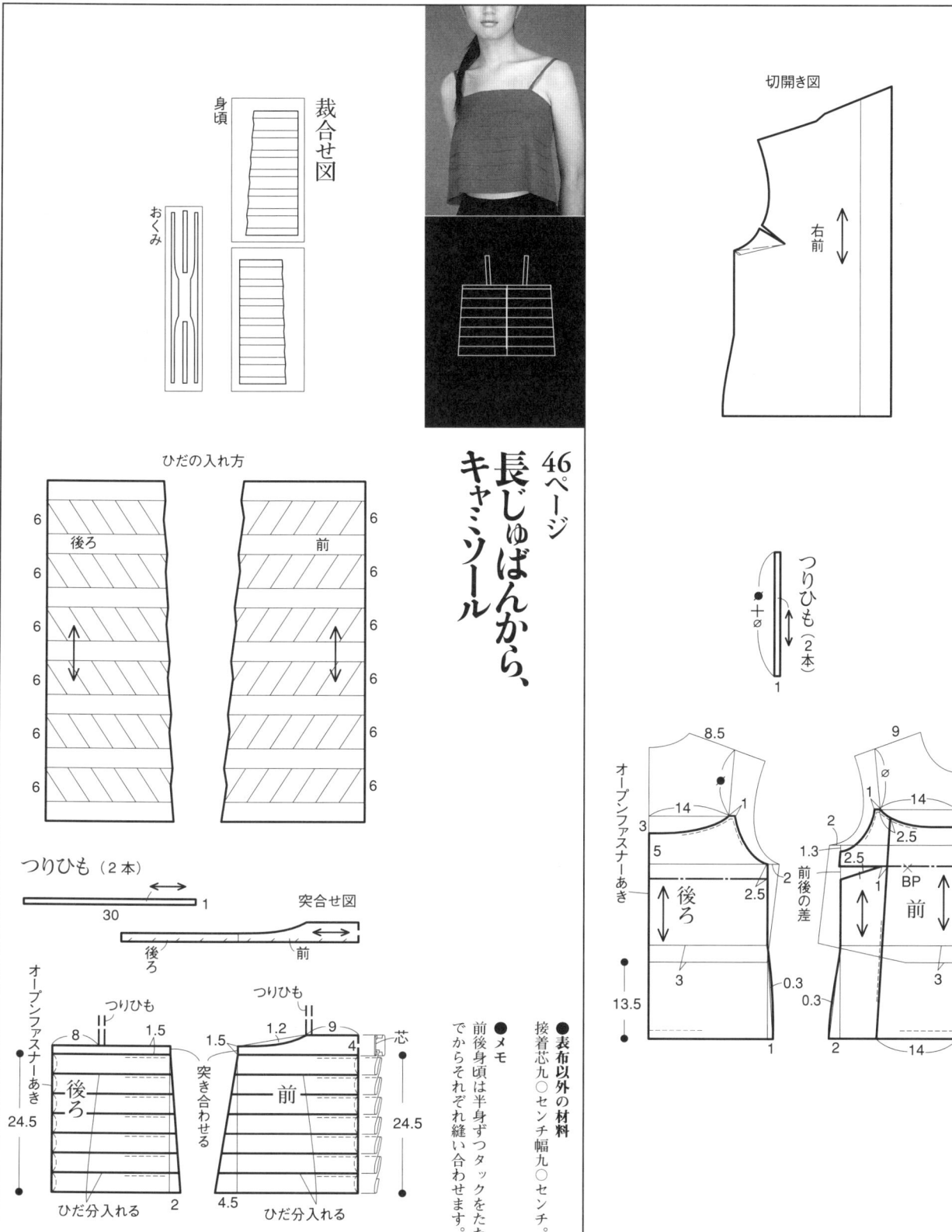

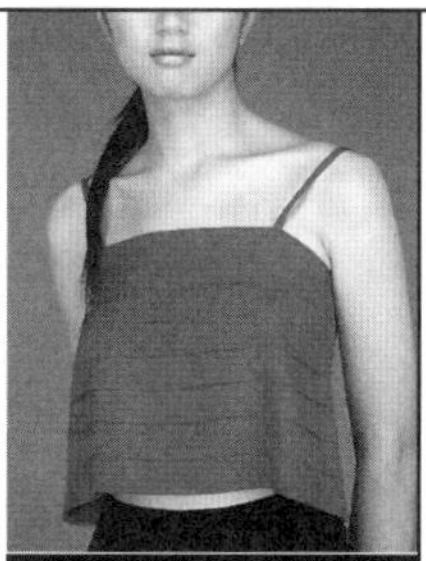

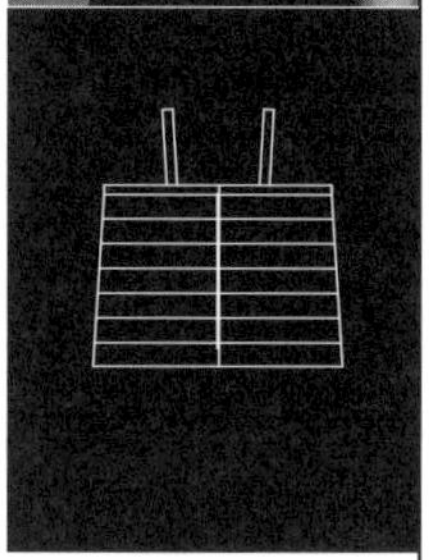

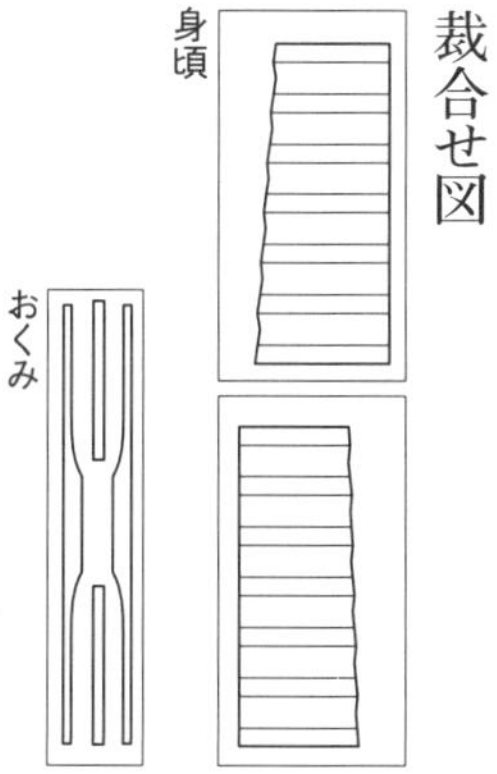
裁合せ図
身頃
おくみ

46ページ 長じゅばんから、キャミソール

●**表布以外の材料**
接着芯九〇センチ幅九〇センチ。

●**メモ**
前後身頃は半身ずつタックをたたんでからそれぞれ縫い合わせます。

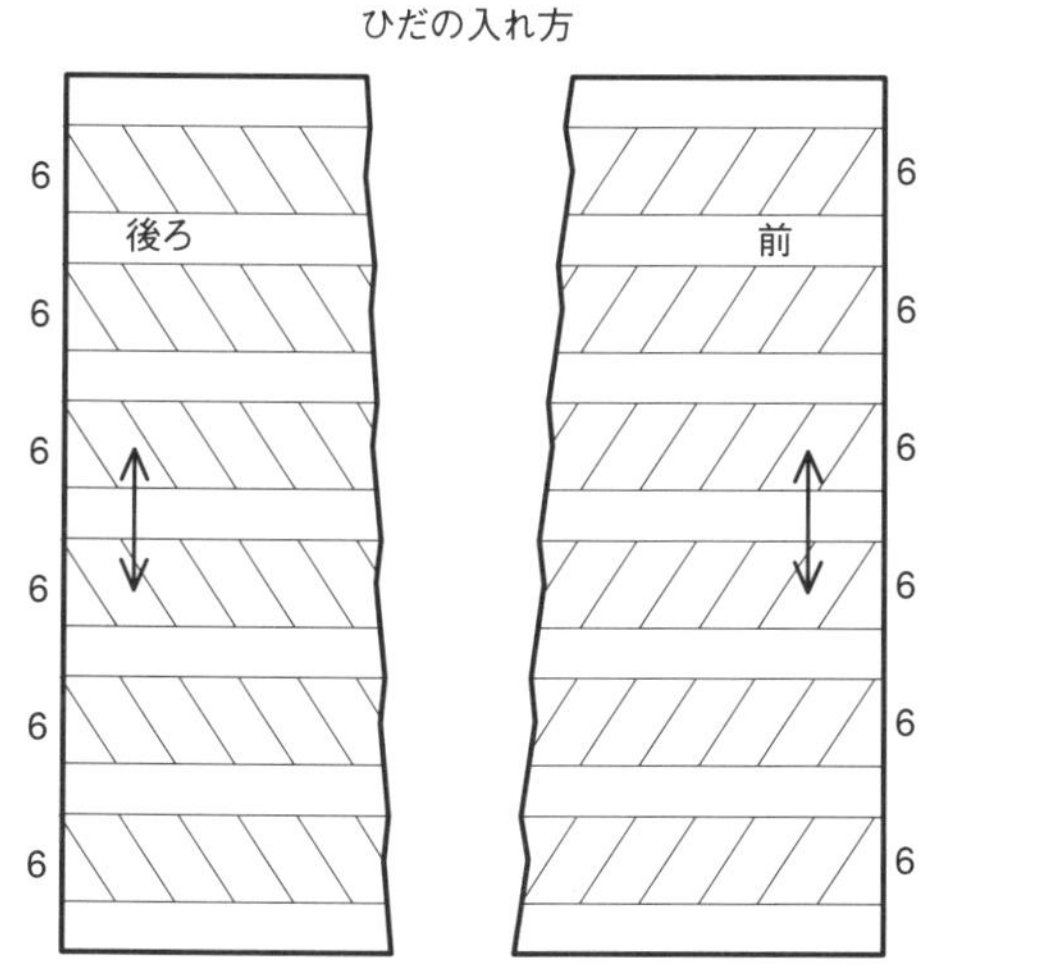
ひだの入れ方
後ろ
前
6
6
6
6
6
6

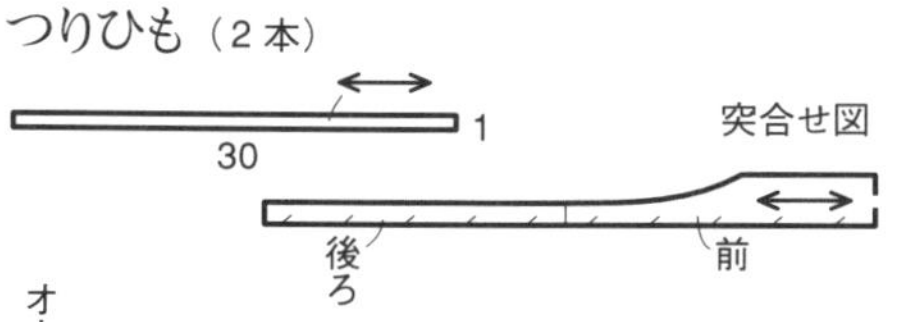
つりひも（2本）
30
1
突合せ図
後ろ
前

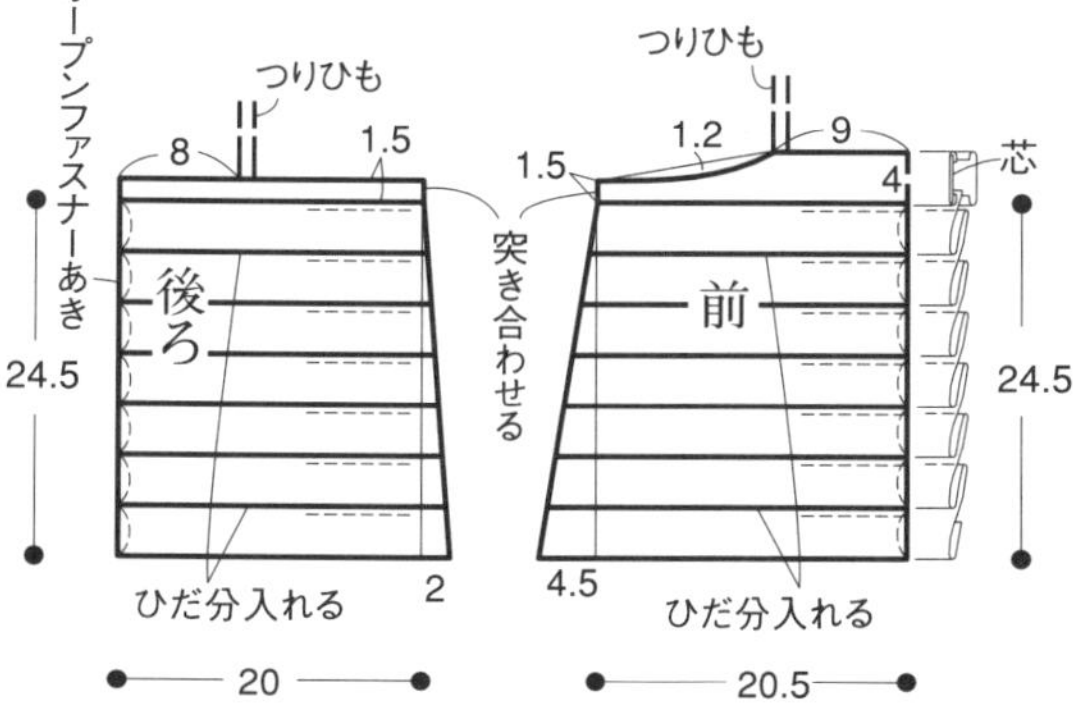
オープンファスナーあき
つりひも
8
1.5
後ろ
24.5
ひだ分入れる
2
20
突き合わせる
1.2
9
4
芯
前
4.5
20.5

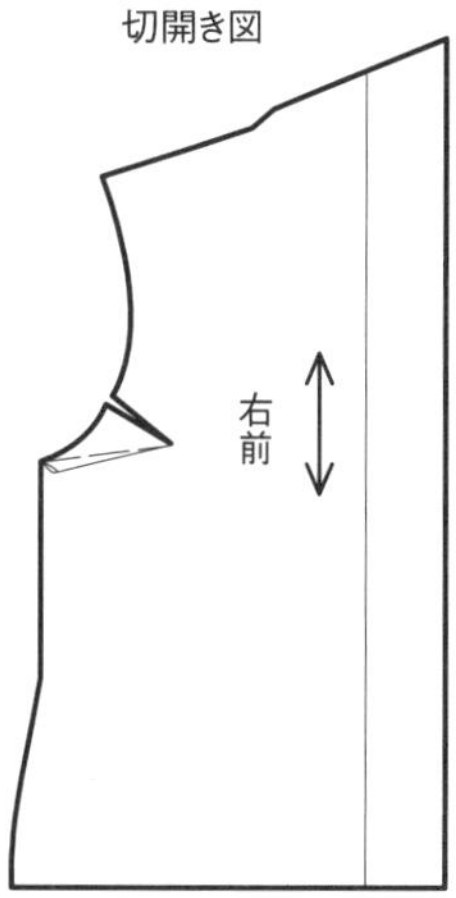
切開き図
右前

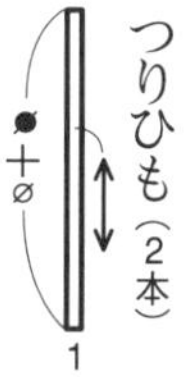
つりひも（2本）
1

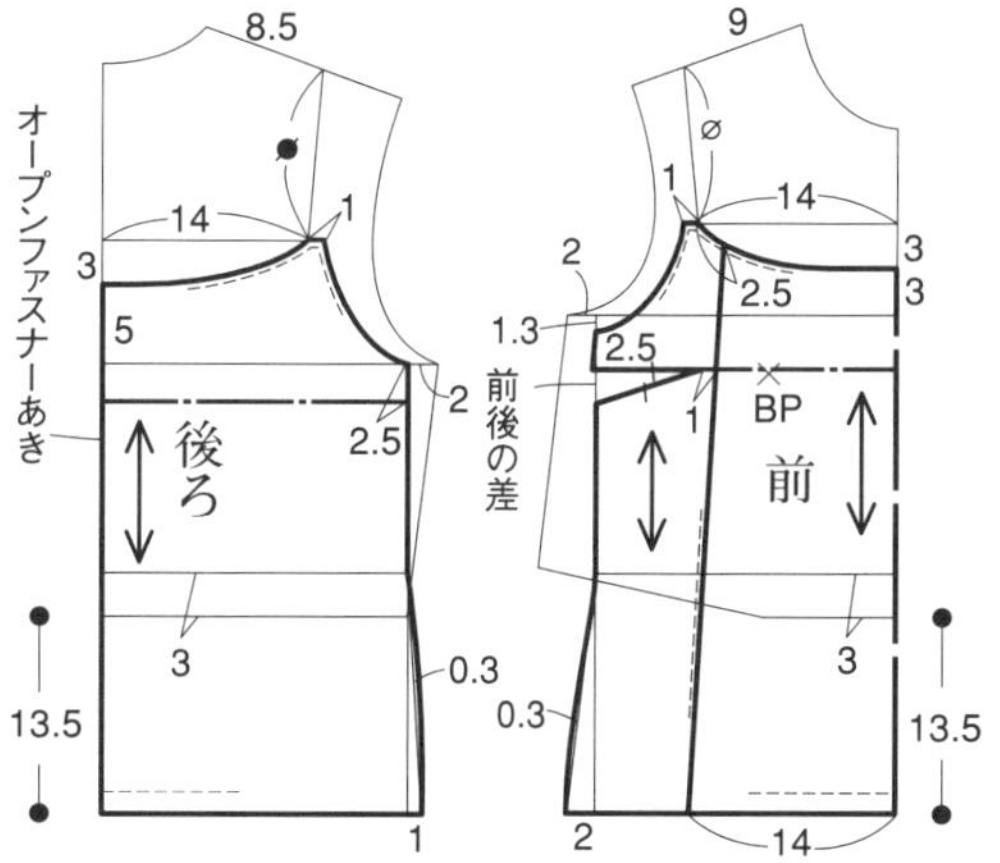
8.5
オープンファスナーあき
14
1
3
5
後ろ
2
2.5
3
0.3
13.5
1
9
14
2
1.3
2.5
3
3
前後の差
BP
前
1
3
0.3
13.5
2
14

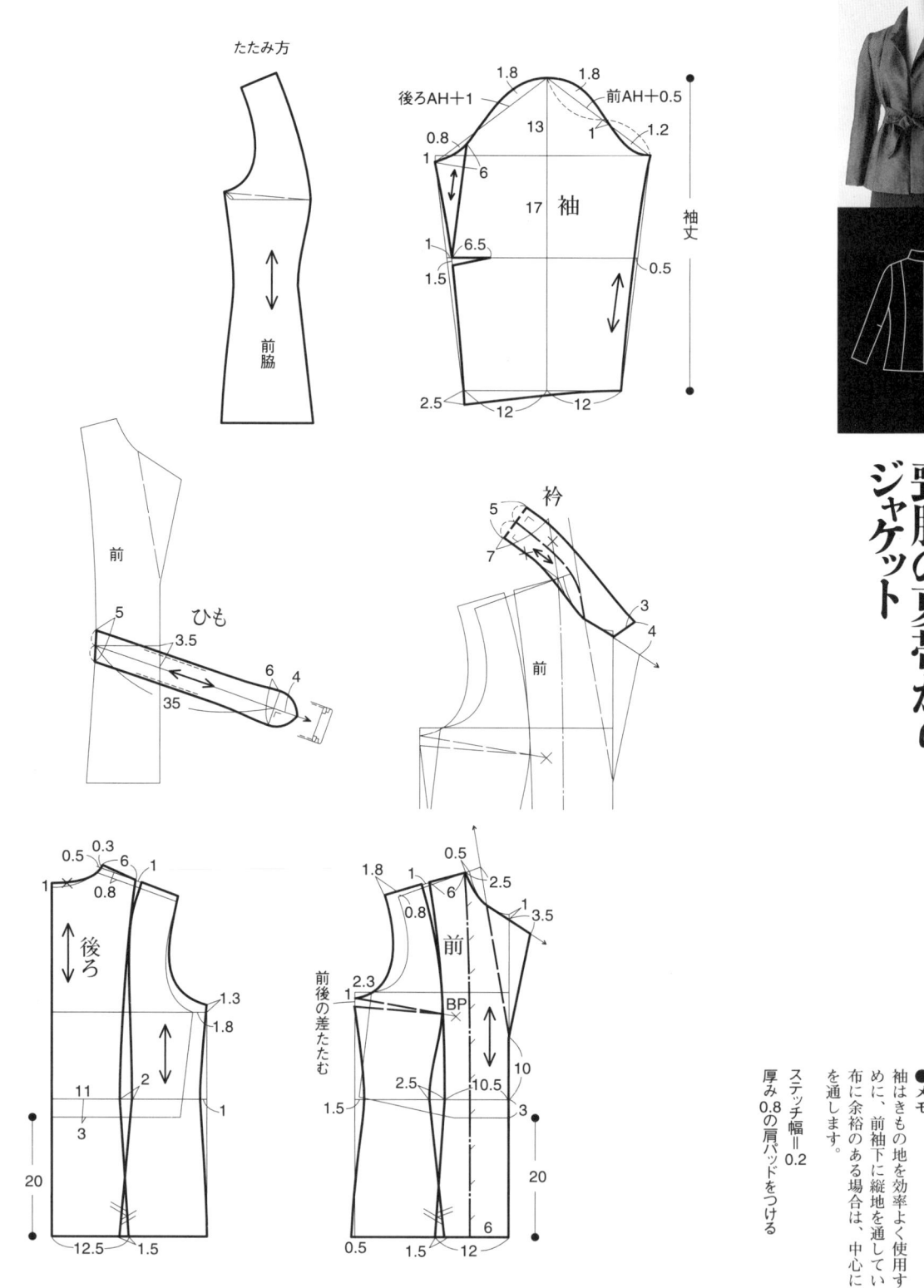

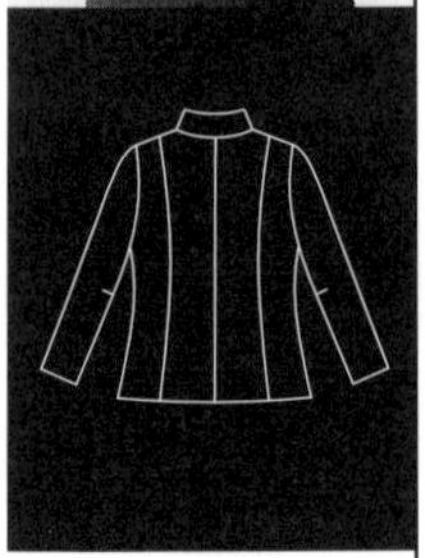

40ページ 喪服の夏帯から、ジャケット

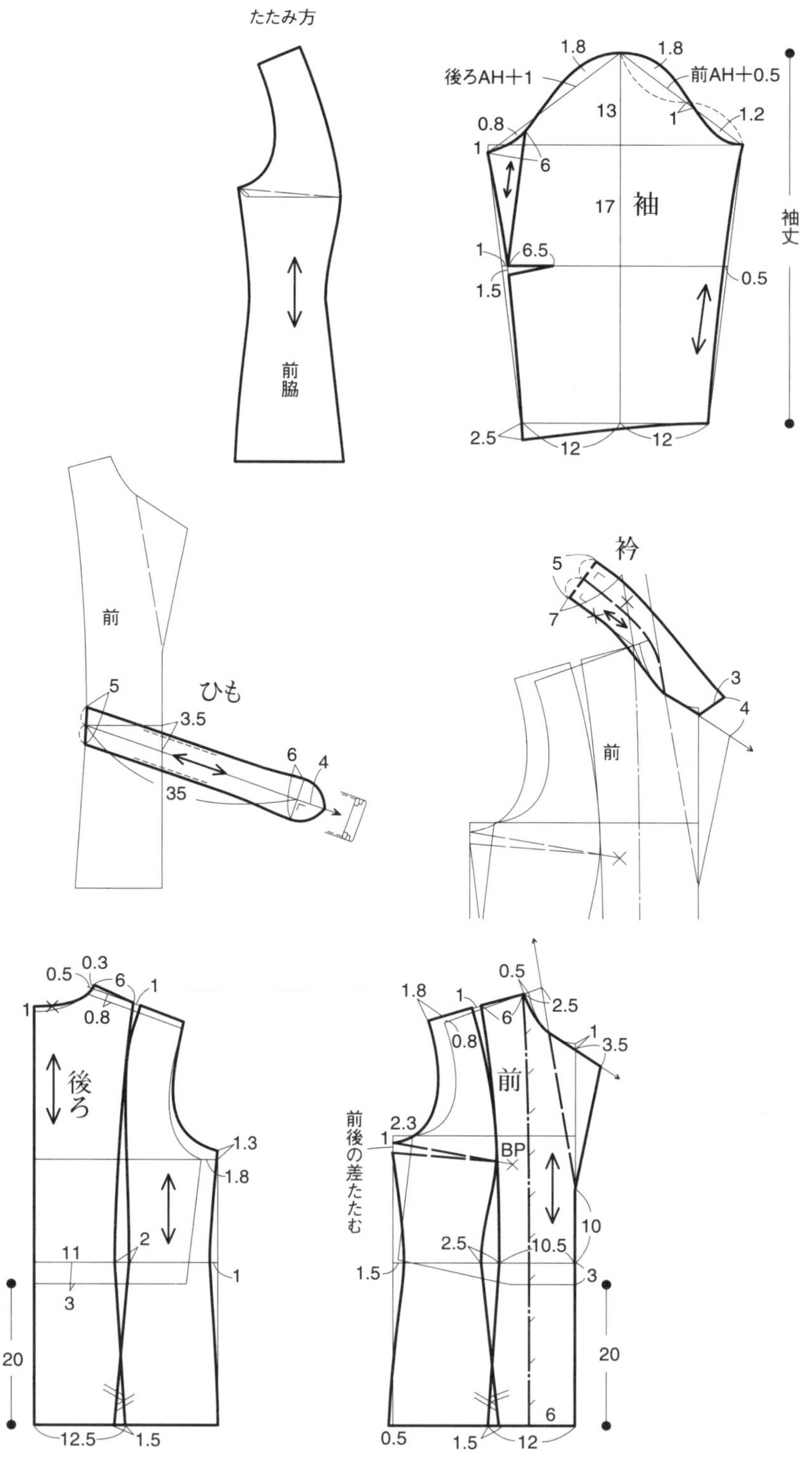

たたみ方
前脇
後ろAH＋1
前AH＋0.5
袖
袖丈
ひも
衿
前
後ろ
BP
前後の差たたむ
1.8
13
17
6.5
0.5
2.5
12
35
20
12.5
1.5
10.5

●表布以外の材料
接着芯九〇センチ幅六五センチ。

●メモ
袖はきもの地を効率よく使用するために、前袖下に縦地を通しています。布に余裕のある場合は、中心に縦地を通します。

ステッチ幅＝0.2
厚み0.8の肩パッドをつける

神谷典子(かみや・のりこ)
一九三九年台湾生れ。学習院大学在学中に、帽子をサロン・ド・シャポー、洋裁を伊藤すま子デザイン研究所にて学んだ後、同研究所に勤務。新聞社勤務のご主人と結婚。ご主人の実家は、銀座の和装小物の老舗、三河屋。
出産を機に家事、育児に専念。一九九〇年代から和裁を学び始めるとともに、和服地を生かした洋服制作を開始する。
神谷典子デザインルーム
東京都練馬区大泉学園町
二の六の二〇
電話、ファックス
〇三−三九二二−六六五〇

アートディレクション　白石良一
レイアウト　生島もと子(白石デザインオフィス)
撮影　海田俊二(BEE'S)
ヘアメーク　中村とも子(イマージュ)
モデル　押田正子(ミマン専属)、サオリ
技術編集　近藤博子

インフォメーション
ロベール クレジュリー渋谷パルコ店　電話03-3477-5894
ヴァンドームヤマダ　電話03-3470-4061
フミエジュエリー　電話03-3327-2339

きものから、クチュールへ
うけ継がれたきものを、洋服に仕立てる贅沢

発行　二〇〇二年四月一四日　第一刷
著　者　神谷典子
発行者　大沼　淳
発行所　文化出版局
〒一五一−八五二四　東京都渋谷区代々木三−二二−一
電話〇三−三二九九−二四九〇(編集)
〇三−三二九九−二五四二(営業)
印刷所　株式会社文化カラー印刷
製本所　大口製本印刷株式会社

お近くに書店がない場合、読者専用注文センターへ
0120-463-464
ホームページ　http://books.bunka.ac.jp/